이베로아메리카 연구총서 VI

중남미 한인 디아스포라 연구

한인 전문직 그룹을 중심으로

임상래 · 김우성 · 이광윤 · 김용재 · 김영철 · 이순주 공저

| 이 책은 2005년도 재외동포재단 지원에 의해 연구 · 출판되었음 |

부산외국어대학교 출판부

이베로아메리카 연구총서 VI
중남미 한인 디아스포라 연구 : 한인 전문직 그룹을 중심으로

인쇄 2008년 3월 5일
발행 2008년 3월 10일

저 자/ **임상래, 김우성, 이광윤, 김용재, 김영철, 이순주**
발행인/ **유선규**
발행처/ **부산외국어대학교 출판부**
등 록/ 제 카7-53호 (1988. 9. 1.)
주 소/ 608-738 부산광역시 남구 우암동 산 55-1
전 화/ 051)640-3439, 3440 팩스/ 051)640-3580
인터넷/ http://www.pufs.ac.kr/press

편 집/ 주간 · 진기행, 디자인 · 조성자
인쇄처/ 세종문화사 (051)463-5898
공급처/ 한국출판협동조합 (02)716-5616~9

ISBN 978-89-8312-301-5 04300

값 13,000원

책을 내면서

우리는 지금 이민과 이주의 시대에 살고 있다. 지구촌 인구 35명 중 한 명이 이민자이고 그 숫자는 1억 7,500만 명에 달한다. 이제 지구상에서 나가는 이민이건 들어오는 이민이건 이민과 관련을 맺지 않고 사는 나라는 없다고 할 정도이다. 이처럼 해외 이민의 흐름이 날로 커지고 있는 상황에서 고국과 이민국 두 나라에서 이민자가 갖는 역할과 의미를 이해하는 것은 그 어느 때보다 중요하다고 할 수 있다.

1905년 멕시코의 헤네켄 농장 이주로부터 시작된 한국인의 중남미 이민은 어느 덧 100년이 넘는 역사를 가지고 있다. 이후 일제하에서 일본 이민자와 함께 남미 이민이 이루어지기도 했고, 또 한국전쟁 이후에는 반공포로들이 브라질과 아르헨티나로 이민을 떠나기도 했다. 그러나 우리나라 사람들의 본격적인 중남미 이민은 1962년 정부에 의해 추진된 브라질, 볼리비아, 파라과이 등으로의 농업이민이었다. 이후 한국인의 선이민이 있었던 브라질, 아르헨티나 등 남미 국가를 중심으로 한인 이민이 계속되었고 현재는 중남미 전역에 약 6만 여명의 동포가 거주하고 있다.

현재 중남미 한인은 3세대에 이르고 있으며 따라서 한국의 문화와 언어에 대해서도 세대 간의 인식이 동일하지 않다. 그러나 전반적으로 중남미 한인 디아스포라는 이민국보다는 고국에 더 중심적인 정체성을 갖고 있는 편이다.

해외동포는 조국을 떠난 배신자도 아니며 고유문화를 망치는 타락자도 아니다. 오히려 세계 각국은 해외 이주를 권장하고 디아스포라를 강화시키고 본국과의 연결을 제도화하여 자신들의 정체성을 보존하고 또 본국의 이익을 도모하고자 노력하고 있다. 이중국적의 허용은 이를 반증하는 좋은 예이다. 따라서 중남미 동포는 이제 대한민국 국가공동체의 당당한 구성원임을 인식해야 하며 이들에 대한 관심과 이해를 높이는 것은 당연하고 필연적인 것이다.

그럼에도 불구하고 중남미 한인 동포의 정체성, 생활, 관습, 사회통합 등에 대한 우리의 연구는 많지 않았다. 있다 해도 대부분이 이민사나 선교활동과 같은 특정 영역에 한정되어 심층적이지 못했다. 또 우리나라의 재외동포정책이 우리 교민이 많은 미주, 일본, 중국 등에 집중되었기 때문에 중남미 동포에 대한 연구도 제한적일 수밖에 없었다. 이런 측면에서 중남미 한인 전문가 집단에 대한 이 연구는 학술적으로 매우 큰 의미를 갖는다고 할 수 있다. 이 연구가 중남미 동포에 대한 이해의 지평을 넓히고 양국간 교류와 협력에 일조하고 나아가 이에 대한 심층적 후속 연구의 참고자료로 활용된다면 더 이상의 바람은 없다.

마지막으로 이 연구는 재외동포재단의 연구 지원으로 2005-2006년 동안 수행된 연구보고의 결과물임을 밝힌다. 거듭 재단의 지원에 감사드리며 또 빡빡한 일정에 무거운 설문지도 마다않고 현지조사를 수행해준 모든 연구원께 고마움을 표하지 않을 수 없다. 그러나 이 모든 감사와 고마움을 최종적으로 받을 사람은 물과 땅 그리고 시간마저도 낯선 지구 정반대편에서 살고 있는 꼬레아노스(coreanos)임을 밝히고 싶다.

2008년 4월

연구책임자 임 상 래

목　차

표 차 례

그림차례

Ⅰ. 서론

1. 연구 목적과 필요성

전세계가 국제화되어 인구 이동이 자유로워지면서 국제적 이주가 급격하게 증가하고 있다. 이에 개별국가들은 다양한 인종적인 혼혈, 문화적 혼합과 통합의 문제들을 경험하고 있다. 재외동포들도 유사한 현상들을 경험하고 있다. 재외동포의 국제 이주도 현지 사회에 정착하는 과정에서 갈등을 발생시키고 있고, 국내에서는 이주해 온 외국인들과도 갈등을 빚고 있다. 이주민들의 유입과 혼합은 해당사회의 다양성을 제고시킨다는 측면에서 긍정적인 변화를 가져올 수 있지만, 사회 구성원들간의 이질감을 증가시키는 부정적인 결과를 초래할 수도 있다. 이러한 의미에서 국제 이주로 발생할 수 있는 제반 문제, 영향, 관계, 효과 등을 파악하고 이에 효율적으로 대처하기 위해서는 이주현상에 대한 실태조사를 비롯한 다양한 연구가 이루어져야 한다.

재외동포들은 국제 이주를 통해 해당국가사회에 적응하면서 각 지역마다 자신들만의 독특한 문화를 형성해 왔다. 중남미의 한인들도 예외는 아니다. 중남미 특유의 다민족, 다문화적 사회환경 속에서 한국의 문화와 전통을 잘 유지하고 있다. 따라서 한인들이 현지사회에 적응하면서 한국의 문화와 전통을 어떠한 메카니즘을 통해 유지하는지를 살펴보는 것은 매우 중요한 의미를 가진다고 하겠다.

중남미 한인의 경우 이민 역사가 40년에 이르고 있지만 그들의 생활, 문화, 사회통합 등에 대한 심층적이고 체계적인 연구는 이루어지지 못했다. 지금까지는 이민사나 선교와 같은 제한된 영역에서만 연구가 진행되어 왔기 때문에 본 연구와 같은 실태조사가 필요하다.

또 중남미 한인 사회는 시간이 흐르면서 세대별 변화도 발생하고 있다. 1세대들의 사회활동이 점점 적어지고 있고, 1.5세대나 2세들이 한인 사회를 이끄는 중심 세대로 성장하고 있다. 이런 과정에서 세대간의 이해 부족와 견해차이 등으로 여러 갈등이 발생하고 있다. 따라서 이 연구는 세대간 변화 및 갈등을 주요 연구내용의 하나로 삼을 것이다.

지금까지 우리나라의 재외동포정책은 우리 교민이 많은 미주, 일본, 중국 등 특정 국가를 중심으로 이루어져 왔고, 따라서 중남미와 같은 '소외된' 지역의 특수성을 충분히 반영하지 못한 측면이 있다. 그래서 본 연구를 통해 중남미 한인들이 정부정책을 어떻게 수용하고 있는가를 분석하고, 또 그 정책이 한인의 현지 사회 통합과 정체성 유지에 어떻게 관계하고 있는지를 파악하고자 한다. 그리고 나아가 중남미 한인들은 어떤 정책들을 요구하고 있는지도 함께 제언하고자 한다.

재외동포에 대한 정책뿐만 아니라 조사 및 연구도 특정지역에 집중되어 있기는 마찬가지다. 대부분의 재외동포관련 연구는 중국 및 북미를 중심으로 이루어져 왔다. 이러한 편중된 연구는 이민자들을 받아들이는 지역의 사회문화적 특징에 따라 다르게 나타나는 이민사회의 모습과 요구들을 간과 할 수 있다. 이런 점에서 이번 중남미 한인 연구는 전체 "한인 디아스포라" 연구의 확대와 균형 유지를 위해서 필요하다고 하겠다.

한국 경제는 대외의존도가 높다. 해외시장 개척이 곧 경제발전과 국가발전으로 이어지기 때문에 정부와 기업들은 경제권역을 전세계로 확대하려고 노력하고 있다. 재외동포들은 해당 거주국에서 한국에 대한 이미지를 만들어 나가는 중요한 매개자일 뿐만 아니라 이미 나름의 사회경제적 입지를 확고히 하고 있기 때문에 그들이 참여하고 기여할 여지는 무한하다. 이러한 배경에서 본 연구는 중남미 각국에서 활동하고 있는 한인 전문가들에 대한 조사를 통해 한인 네트워크의 형성에 기여하고, 나아가 한민족 네트워크를 중남미 전체 뿐만 아니라 전세계로 확대하는데 일조하고자 한다.

2. 연구내용

중남미 한인의 민족정체성 유지에는 함께 공유하고 있는 혈통, 문화, 역사뿐만 아니라 소수민족 성원으로서의 지위 의식과 같은 소수자 정체성(minority identity)이 중요한 요소로 작용한다. 이러한 의식은 거주국 사회로의 통합 정도가 높은 개인이나 계층을 중심으로 확산되어 있다. 특히, 거주국에서 사회적, 경제적, 정치적 지위를 획득한 사람들은 개인적 성공과 함께 소수 민족 집단의 대표성을 지니게 된다. 이런 측면에서 전문가 집단은 매우 중요한 계층으로서 사회적 지위, 역할과 기능을 지니게 된다. 전문가 집단의 역할은 중남미 한인들이 집거권을 중심으로 공동체를 형성하고 있기 때문에 한인 사회 내에서 뿐만 아니라 거주국 사회와 관계에서도 중요한 의미를 지닌다. 또한 동포로서 현지 사회와 한국 사회를 연결할 수 있는 매개자로서의 역할과 기능도 지니고 있다.

전문인 집단의 실태를 심층적으로 파악하기 위해 본 조사연구는 첫째, 이민, 현지정착과 적응, 둘째, 한인정체성과 공동체 활동, 셋째, 거주국 사회진출과 통합, 마지막으로 재외동포정책 등 4개의 영역으로 구분하여 조사를 진행하였다.

이민, 현지정착, 적응영역에서는 이민시기 및 이유, 재이민과 역이민의향, 거주국 생활만족과 불만족, 정착시의 애로, 차별의 정도와 이유 등을 조사했다. 이를 통해 이민의 동인과 현지 정착 과정을 고찰할 수 있었다.

다음으로는 한인 정체성과 공동체 활동을 고찰하였다. 여기서는 한국인으로서의 정체성, 한국인들과의 공동체 활동, 한국전통과 문화 등을 조사했다.

거주국 사회진출과 통합영역에서는 결혼 및 배우자 문제, 귀화 의향, 한국인으로서의 현지사회활동, 사회통합과 국적문제를 다루었다.

재외동포정책에 관해서는 한국정부의 재외동포정책에 대한 인식, 재외공관의 서비스, 지원정책에 대한 요구, 전문가그룹 활용 및 네트워크 등에 대해 조사하였다. 이를 통해 효율적인 동포 정책 수립을 위해 필요한 기초자료를 획득할 수 있었다.

Ⅱ. 조사연구방법

1. 조사 대상

본 연구는 중남미 한인 전문가 그룹을 통해 한인들의 사회 통합 패턴, 한국정부의 정책적 지원과 전문가 활용 방안을 모색하기 위한 것이다. 이러한 연구 과정에서 우선적인 작업으로 중남미 한인 전문가들의 데이터가 필요하기 때문에 기초 자료 조사를 병행하여 실시하였다. 조사는 브라질, 아르헨티나, 파라과이와 멕시코에 거주하고 있는 한인 전문가들을 중심으로 이루어졌다. 이러한 전문가 집단에는 공・관원, 주재원이나 단기체류자들을 제외시켰다.

조사대상을 중남미 4개국으로 선정한 이유는 다음과 같다. 첫째, 브라질은 중남미에서 한인이 가장 많이 분포하는 지역으로 한인 전문가들이 수적으로 가장 많을 뿐만 아니라 활동영역에서도 다양한 형태를 보이기 때문이다. 따라서 브라질의 한인 전문가 연구는 다른 중남미 한인들에게 가능한 사회 진출방향을 제시해 줄 수 있을 것으로 예상된다. 둘째, 아르헨티나는 한인들의 경제적인 측면뿐만 아니라 사회・정치 활동이 가장 활발한 국가이다. 따라서 한인들이 주류사회와 어떤 통로를 통해 커뮤니케이션하고 있는가는 다른 지역 한인들에게 시사하는 바가 크다고 할 수 있다. 셋째, 파라과이 한인사회는 소상공인을 중심으로 성장했는데, 차세대들이 사회통합 과정에서 어떠한 방향으로 성장해 나갈 수 있는가를 제언하는 측면에서 조사대상 지역으로 선정되었다. 넷째, 멕시코는 중남미에서 한인 이민의 역사가 가장 오래된 국가이다. 또한 다른 국가들과는 이민의 성격이 구별되는 특징을 지니고 있어 선정되었다.

직업별 분류는 일반적으로 수용되는 분류 방법에 따라 이루어졌다. 조사대상 직업군은 크게 법조인/정계/의료인/군인/학자/문화예술인/기타로 구분하였다. 이러한 직업구분은 국내에서 일반적으로 수용되는 직업적 전문성에 따라 이루어졌다. 첫째, 법조인은 변호사/검사/판사 등이 포함되었는데 현지 사회에서 뿐만 아니라 모국과 제3국에서 변호사나 기타 법률관련 전문 자격증을 취득한 사람 모두를 포함시켰다. 둘째, 정계에는 주지사/시장/국회의원/주의원/시의원/고급관료 등을 포함시켰는데 이들은 현지 사회의 정계에 진출한 전문인들이지만 다른 측면에서는 한인들의 정치 권리를 획득하는데 있어 중요한 역할을 담당하는 직업군이다. 셋째, 의료인에는 의사/약사/간호사/수의사 등 주로 의학계에 종사하고 있는 한인들이 대부분을 차지한다. 넷째, 군인으로 영관급/공군조종사 등이 포함된다. 중남미 대부분의 국가들에서 전통적으로 사회에서 차지하는 군인의 역할이 클 뿐만 아니라 전문성을 인정받고 있어서 독립된 직업군으로 분류하였다. 다섯째, 학자군으로 교수/과학자/연구원 등이 포함되었다. 학자군은 직업적인 전문성뿐만 아니라 현지의 사회적 현상에 대한 식견들을 통해 그 사회를 파악할 수 있을 것이라는 점에서 포함시켰다. 여섯째, 문화예술인으로 언론인/기자/앵커/예술가/공연가 들이 포함되었다. 이들은 직업적 특성상 개인적 수준뿐만 아니라 문화의 파급효과가 큰 직업군으로서 현지 사회와 한인사회를 매개하는 역할을 하기 때문에 더욱 중요한 직업군이다. 마지막으로 기타에는 건축설계사/변리사/IT전문가/회계사/외환딜러와 같이 국내에서는 직업적 전문가로서의 정립이 명확하진 않지만 영향력이 증대하고 있는 직업들을 포함했다.

조사 대상 세대는 1세/1.5세/2세대/3세대를 포함하고 있다. 브라질, 아르헨티나와 파라과이는 아직 이민의 역사가 짧아 전문가로 활동하고 있는 2세가 비교적 적다. 반면 멕시코는 이민역사가 100년이 넘어 3세대가 활동하고 있어 세대변화에 따른 한인들의 정체성 인식의 변화를 추적할 수 있다는 장점을 지니고 있다.

2. 조사 방법 및 절차

본 연구는 온라인 조사, 현지조사, 문헌조사, 설문조사 방법을 통해 진행되었다. 2005년 9월에 연구진행이 개시된 이후 10월까지 온라인 조사를 실시했다. 온라인 조사는 부산외국어대학교 이베로아메리카 연구소에서 관리·운영하고 있는 "중남미 한인넷"을 활용했다. 중남미 한인넷을 통해 확보된 기초 정보로 이메일, 전화와 팩스 등을 통해 현지에서 활동하고 있는 한인 전문가들의 현황과 동향에 대해 개괄적으로 파악했다. 온라인 조사에 기초하여 현지조사 진행에 필요한 정보와 설문조사지 작성에 활용 가능한 문항들을 선별했으며, 현지 조사일정을 조정하였다.

설문지 작성에는 온라인 조사와 문헌조사가 병행·활용되었다. 문헌조사는 한국인의 이민, 재외 한인의 사회통합, 재외동포 정책의 방향과 문제점 등 설문지 작성에 필요한 각각의 내용을 중심으로 이루어졌다. 중남미 지역 관련 연구내용들을 많이 활용하려고 하였으나 본 실태 조사에 활용 가능한 문헌을 발견하기 어려웠다. 따라서 한인

디아스포라 전체를 다루는 이민의 문화변용과 사회통합과 관련 문헌들에 대한 조사에 집중했다. 이런 문헌조사를 거쳐 설문지를 작성했다. 설문지는 주제에 따라 7개 분야로 구분하였으며 다시 각 주제별로 6개에서 10개 이상의 질문으로 나누어졌다.

현지조사에서는 온라인 조사에 대한 확인과 설문지 응답을 위한 면접조사를 실시했다. 면접조사는 일대일 면접조사와 집합조사 두 가지 방법이 활용되었다. 일대일 면접조사는 무작위로 선정하여 실시했다. 집합조사는 국가별 상황에 따라 적절한 방법을 활용했다. 브라질은 한인 직종 전문가 협회의 지원을 받아 실시했으며, 부족한 부분에 대해서는 개인적 네트워크를 활용하여 보강했다. 아르헨티나의 경우에는 한인회와 한인 전문인 협회의 도움을 받아 진행했고, 파라과이는 한인회와 한인 유관 단체들의 지원을 받았으며, 멕시코는 한인회와 한인 후손회의 도움을 받았다.

현지조사는 국가별 특성과 현지한인들의 생업활동을 고려하여 적절한 시기에 진행되었다. 파라과이는 2005년 11월 19일부터 약 2주간(김우성), 브라질은 2006년 1월 6일부터 3주간(김용재, 이광윤), 멕시코는 1월 16일부터 2주간(이순주), 아르헨티나는 2월 1부터 2주간(임상래, 김영철) 실시했다. 이와 같이 현지 조사는 현지 한인들의 생업활동을 고려하여 결정했다.

3. 자료 분석 방법

본 연구에서는 다양한 결과들을 산출해 낼 수 있는 자료 분석 방법인 기술통계학적인 접근 방법을 사용하여 중남미 한인 전문가 그룹의 실태를 분석했다. 이러한 과정을 진행하기 위해 원시자료를 가공하는 작업이 선행되었다. 이러한 분석에서는 원시자료 가공이 가장 중요한 부분을 차지하는데, 오차를 줄이고 설문 내용 원안을 살리기 위해 응답자들의 회신 내용을 모두 살리기로 결정하였다. 이러한 통계 처리는 통계 자료를 요약하고 정리하여 전체적인 자료의 특성을 도출하는데 매우 유용했다.

그러나 기술통계는 전체적인 빈도만을 나타내는 한계성도 지니고 있다. 본 연구에서는 이러한 문제점을 극복하기 위해서 질적 특성에 근거하여 분류되는 값들을 중심으로 결과를 산출했다. 이러한 기준에 따라 국가, 연령, 성별, 학력, 직업, 이민세대와 결혼여부가 변수로 활용되었다. 기준변수에 따라, 설문지 각 항목별 질문에 대한 응답을 횡단면 자료처리 방법을 통해 실태 조사 분석을 진행했다. 이러한 분석방법은 관심의 대상이 되는 어떤 특정한 변수를 일정시점에서 각 주체별로 관찰하여 분석해 낼 수 있다는 장점을 지니고 있다. 자료분석 설문 항목 작성과 기술적·질적인 분석은 사회 통계 분석 전문가인 부산외국어대학교 경영학과 김동원 교수의 자문을 받았다.

Ⅲ. 중남미 전문가 그룹 실태 분석

1. 이민, 현지정착과 적응

1.1 이민시기 및 이유

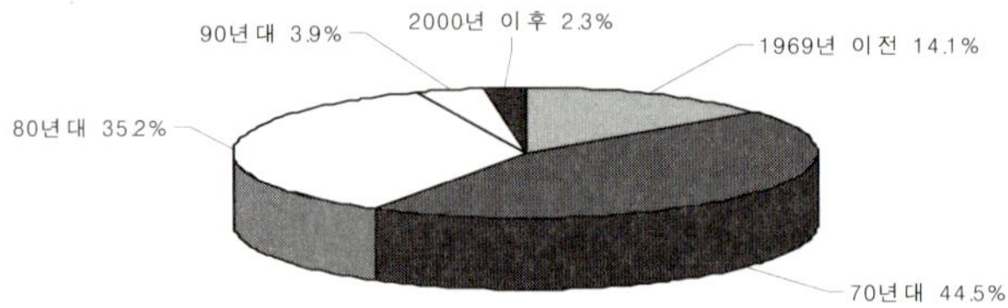

[그림 1] 최초 이민시기

파라과이, 멕시코, 아르헨티나, 브라질 전문가 집단의 이민 시기를 전체적으로 살펴보면 70년대(44.5%)와 80년대(35.2%)에 집중되어 있음을 알 수 있다. 그러나 국가별로 약간의 차이를 보인다. 멕시코는 60, 70년대 이민이 거의 없었고 파라과이와 브라질은 70년대 이민이 많이 이루어졌고 아르헨티나는 80년대 이민이 주를 이룬다. 또 아르헨티나와 브라질의 경우 2000년 이후에는 거의 이민이 이루어지지 않고 있으나 멕시코의 경우 2000년 이후 40.0%, 90년대 40.0%와 같이 90년대 이후에 이민이 높은 비율을 차지함을 알 수 있다. 최초 이민연도를 기준으로 국가별 이민년도 평균을 보면, 브라질 1973년, 아르헨티나 1980년, 파라과이 1981년, 멕시코 1994년이다.

〈표 1〉 국가별 최초 이민시기

	국가				전체
	파라과이	멕시코	아르헨티나	브라질	
1969년 이전			7.4%	29.2%	14.1%
70년대	52.4%		38.9%	52.1%	44.5%
80년대	42.9%	20.0%	50.0%	16.7%	35.2%
90년대		40.0%	3.7%	2.1%	3.9%
2000년 이후	4.8%	40.0%			2.3%

최초 이민국과 현 거주국과의 관계를 통해 전문가 집단 1세와 1.5세의 이민 경로를 파악할 수 있다. 표에서처럼, 파라과이의 경우, 최초 이민국은 파라과이와 우루과이다. 이는 우루과이를 통해 파라과이로 재이주 했음을 보여준다, 멕시코의 전문인 집단 중에는 아르헨티나를 통해 온 사람이 약 17%를 차지한다. 아르헨티나 전문가 집단의 최초 이민국은 아르헨티나, 파라과이, 볼리비아, 캐나다, 사우디아

〈표 2〉 국가별 최초 이민국

	국가				전체
	파라과이	멕시코	아르헨티나	브라질	
파라과이	95.2%		11.1%	15.2%	26.0%
멕시코		83.3%			3.9%
아르헨티나		16.7%	83.3%		36.2%
브라질				82.6%	29.9%
우루과이	4.8%				0.8%
볼리비아			1.9%		0.8%
도미니카				2.2%	0.8%
캐나다			1.9%		0.8%
사우디			1.9%		0.8%

라비아이며 브라질에는 파라과이를 경유하여 이민해 온 사람이 약 15%를 차지하고 있다.

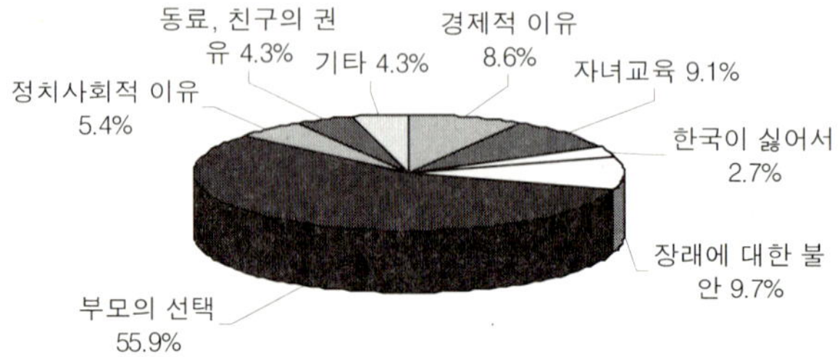

[그림 2] 이민이유

이민의 주된 동기는 '부모의 선택'(55.9%)이다. 이외 '장래에 대한 불안' 9.7%, '자녀교육' 9.1%, '경제적 이유' 8.6% 등의 순으로 나타나고 있어 4개국 전문가 집단의 이민은 본인의 의사보다는 부모의 의사가 더 크게 작용했음을 알 수 있다. 전문가 집단의 세대별 분포는 1.5세가 77.5%, 1세 14.5%, 2세 이상이 8%이다. 따라서 이민의 동기는 이민 세대별 구성과 밀접한 관계를 갖는다는 것을 확인할 수 있다.

국가별로 이민의 이유를 분석해보면 약간의 차이를 보인다. 파라과이나 아르헨티나는 '부모의 선택'이 각각 72.7%, 63.6%의 비율로 나타나고 있으나, 멕시코의 경우는 '경제적 이유'와 '자녀 교육문제'가 각각 23.1%를 보이고 있어 다른 양상을 보이고 있다. 또한 브라질의 경우 역시 '부모의 선택' 이외의 다른 이민 이유가 골고루 분포되어 있어 다양한 원인으로 브라질에 이민하였음을 알 수 있다.

〈표 3〉 국가별 이민 이유

	국가				전체
	파라과이	멕시코	아르헨티나	브라질	
경제적 이유	4.5%	23.1%	7.8%	8.1%	8.6%
자녀교육		23.1%	10.4%	8.1%	9.1%
한국이 싫어서		7.7%	2.6%	2.7%	2.7%
장래에 대한 불안			10.4%	13.5%	9.7%
부모의 선택	72.7%	30.8%	63.6%	47.3%	55.9%
정치사회적 이유	9.1%		2.6%	8.1%	5.4%
동료, 친구의 권유	4.5%	7.7%	2.6%	5.4%	4.3%
기타	9.1%	7.7%		6.8%	4.3%

1.2 거주국 만족도, 재이민과 역이민

1.2.1 거주국 생활 만족과 불만족 정도

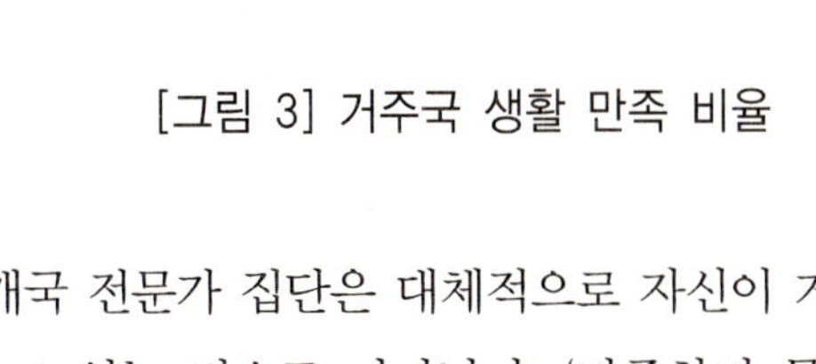

[그림 3] 거주국 생활 만족 비율

중남미 4개국 전문가 집단은 대체적으로 자신이 거주하는 나라에 대해 만족하고 있는 것으로 나타났다. '만족하지 못한다'는 응답은 7.8%인 반면 '만족'하거나 '매우 만족한다'는 비율은 68.4%이다. 국가별로는 브라질-아르헨티나-멕시코-파라과이 순으로 거주국 생활에 만족하고 있는 것으로 나타났다.

〈표 4〉 국가별 거주국 생활 만족비율

	국 가				전체
	파라과이	멕시코	아르헨티나	브라질	
매우 불만족	4.8%		1.8%		1.5%
불만족	4.8%		5.3%	9.3%	6.2%
보통	47.6%	44.4%	19.3%	14.0%	23.8%
만족	28.6%	44.4%	54.4%	39.5%	44.6%
매우 만족	14.3%	11.1%	19.3%	37.2%	23.8%

매우 만족을 5로 놓고 만족도를 지수화하면 전체 평균은 3.83이며 브라질 4.05, 아르헨티나 3.84, 멕시코 3.67, 파라과이 3.43이다.

〈표 5〉 국가별 거주국 생활만족도 (만점: 5.0점)

국가	거주국 생활만족도
파라과이	3.43
멕시코	3.67
아르헨티나	3.84
브라질	4.05
전체	3.83

만족도에 대한 성별 차이가 있는데 표에서처럼 일반적으로 여성이 남성보다 현지 생활에 더 만족하는 것으로 나타난다. 이는 한국 여성

이 남성보다 이민 생활에 더 적극적으로 적응해 나감을 보여주는 것이라고 할 수 있다.

〈표 6〉 성별 거주국 생활 만족비율

	성 별		전체
	남	여	
매우 불만족	2.4%		1.5%
불만족	9.4%		6.2%
보통	21.2%	28.9%	23.8%
만족	43.5%	46.7%	44.6%
매우 만족	23.5%	24.4%	23.8%

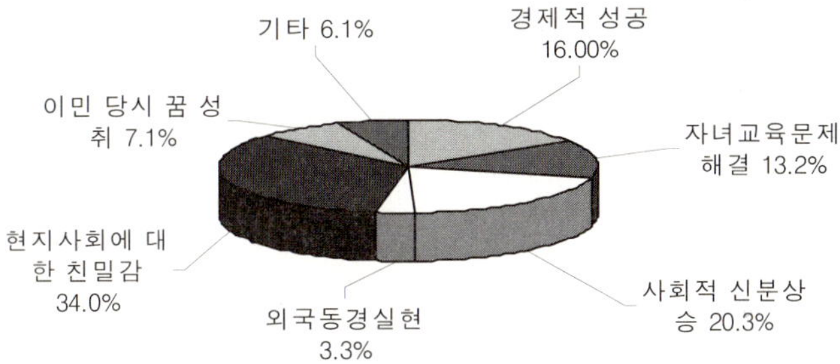

[그림 4] 거주국 생활 만족 이유

거주국에서 생활하는 데 있어서 만족 이유를 살펴보면 '현지 사회에 대한 친밀감'이 34%로 가장 높게 나타나고 있는 데, 이는 전문가 집단의 특성상 현지 사회에 대한 통합이 적절하게 이루어지고 있다는 것을 보여주고 있다. 그 다음으로는 '사회적 신분상승'(20.3%)과 '경제적 성공'(16.0%)순으로 나타나고 있다.

〈표 7〉국가별 거주국 생활 만족도

	국가				전체
	파라과이	멕시코	아르헨티나	브라질	
경제적 성공		23.1%	14.2%	20.0%	16.0%
자녀교육문제 해결	7.7%	23.1%	16.0%	8.8%	13.2%
사회적 신분상승	23.1%	23.1%	20.8%	18.8%	20.3%
외국동경실현	7.7%		4.7%	1.3%	3.3%
현지사회에 대한 친밀감	46.2%	15.4%	33.0%	36.3%	34.0%
이민 당시 꿈 성취	7.7%	15.4%	2.8%	11.3%	7.1%
기타	7.7%		8.5%	3.8%	6.1%

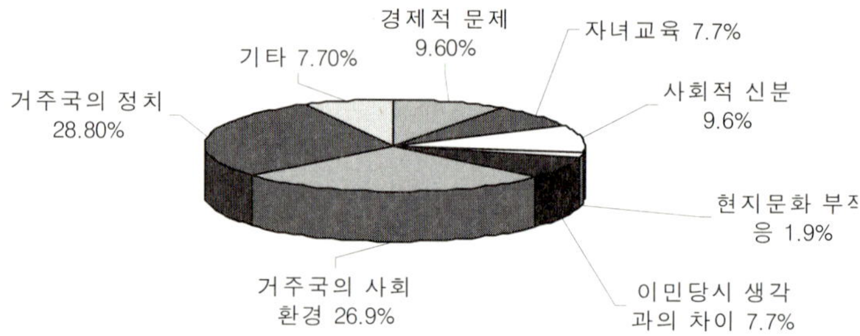

[그림 5] 거주국 생활 불만족 이유

한편 이민국 생활에 만족하는 이유로는 현지사회에 대한 친밀감, 사회적 신분 상승, 경제적 성공, 자녀교육문제 해결 등을 꼽았다. 반면 만족하지 못하는 이유는 거주국의 열악한 사회 환경과 불안정한 정치 상황인 것으로 나타났다. 이외에도 거주국에서의 사회적 신분이나 경제적 문제 등도 이민생활의 불만족 요인인 것으로 나타났다.

〈표 8〉 국가별 거주국 생활 불만족 이유

	국 가				전체
	파라과이	멕시코	아르헨티나	브라질	
경제적 문제	16.7%		12.5%	6.9%	9.6%
자녀교육	16.7%		6.3%	6.9%	7.7%
사회적 신분	16.7%		12.5%	6.9%	9.6%
현지문화 부적응			6.3%		1.9%
이민당시 생각과의 차이		100.0%	6.3%	6.9%	7.7%
거주국의 사회환경	16.7%		25.0%	31.0%	26.9%
거주국의 정치	33.3%		25.0%	31.0%	28.8%
기타			6.3%	10.3%	7.7%

1.2.2 재이민과 역이민

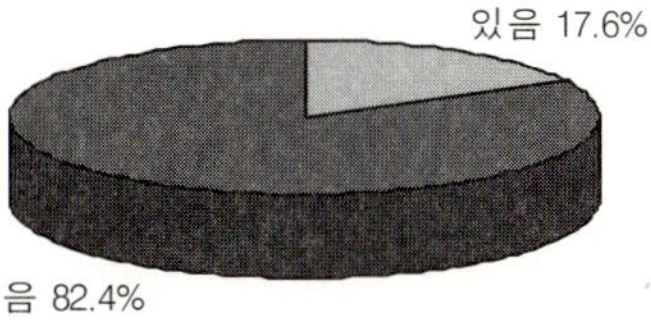

[그림 6] 타국으로 재이민 의향

거주국을 떠나 다른 나라로 재이민할 의사가 있느냐에 대한 질문에 단지 17.6%만이 재이민할 생각이 있다고 응답하였다. 이는 전문가 집단이 거주국 사회에서 어느 정도 정착에 성공하여 현지 생활에 대체적으로 만족하고 있기 때문이라고 할 수 있다. 관련하여 언급할 만한 사항은 국가별 비교에서 파라과이에서 재이민 의향이 높은 것으로 나타났으며 이는 불안정한 정치-사회적 환경과 경제 침체 때문인 것으로 볼 수 있다. 또 학력이 높을수록 재이민 의사가 적으며 남성보다는 여성이, 기혼자보다는 미혼자가, 1세보다는 1.5세나 2세가 타국으로 이주를 더 많이 고려하는 것으로 분석되었다.

〈표 9〉 국가별 타국으로 재이민 의향

	국 가				전체
	파라과이	멕시코	아르헨티나	브라질	
있음	31.6%		18.0%	14.9%	17.6%
없음	68.4%	100.0%	82.0%	85.1%	82.4%

재이민을 갈 경우, 가장 선호하는 국가는 미국(45.5%)이었으며 그 다음으로는 캐나다, 유럽, 한국, 호주 순으로 서구권 국가로의 이주를 주로 희망하는 것으로 나타났다. 다시 이민을 가겠다는 중요 이유로

〈표 10〉 국가별 재이민 의도국가

	국 가				전체
	파라과이	멕시코	아르헨티나	브라질	
미국	75.0%		60.0%	14.3%	45.5%
한국		100.0%		28.6%	13.6%
캐나다			10.0%	42.9%	18.2%
유럽			30.0%	14.3%	18.2%
호주	25.0%				4.5%

는 전체적으로는 자녀 교육 문제(36.8%), 더 나은 외국생활 추구(21.1%), 경제적 이유(15.8%) 등의 순으로 나타나고 있으나 표에서 보듯 직업별로는 그 이유가 다르게 나타나고 있다.

〈표 11〉 직업별 재이민 희망이유

	직업						전체
	법조인	정계	의료인	학자	문화 예술인	기타	
경제적 이유			25.0%	33.3%			15.8%
자녀교육문제 해결	50.0%		50.0%	33.3%		25.0%	36.8%
연고자 거주, 초청			12.5%				5.3%
외국동경의 실현	50.0%					75.0%	21.1%
부모로부터 독립					100.0%		5.3%
결혼			12.5%				5.3%
기타		100.0%		33.3%			10.5%

중남미 전문가 집단에서 한국으로의 역이민을 원하는 비율은 타국으로의 재이민과 마찬가지로 높지 않은 편이다. 전체의 14.5%가 역이민 의향이 있는 것으로 나왔는데 이들이 한국으로 가고자 하는 것은 '고향이 그리워서'와 '노후 생활을 위해'가 주된 이유였다. 일반적으로 여성보다는 남성이, 1.5세나 2세보다는 1세가 역이민의 의향을 더 가지고 있다. 연령별로는 40대-20대-50대-30대의 순으로 역이민을 희망하는 것으로 조사되었다. 20대 전문인이 역이민을 고려하는 것은 한국에서 전문직종 활동의 가능성에 대한 기대 때문인 것으로 분석할 수 있다.

따라서 중남미 4개국 전문가들은 자녀 교육을 위해서는 영어권 국가로의 재이주를 선호하고 있으며 고향 정착이나 노후 계획을 위해서는 한국을 선호하는 것으로 볼 수 있다.

〈표 12〉 국가별 역이민 의향

	국가				전체
	파라과이	멕시코	아르헨티나	브라질	
있음	11.1%	14.3%	18.9%	10.9%	14.5%
없음	88.9%	85.7%	81.1%	89.1%	85.5%

〈표 13〉 국가별 역이민 희망 이유

	국가				전체
	파라과이	멕시코	아르헨티나	브라질	
자녀교육문제 해결			10.0%		5.9%
고향이 그리워서	50.0%		30.0%	50.0%	35.3%
결혼	50.0%				5.9%
노후생활을 위해		100.0%	10.0%	50.0%	23.5%
거주국 생활이 지겨워서			10.0%		5.9%
기타			40.0%		23.5%

<표 14 >연령별 역이민 의향

	연령				전체
	20대 이하	30대	40대	50대 이상	
있음	16.7%	11.1%	18.9%	13.0%	14.6%
없음	83.3%	88.9%	81.1%	87.0%	85.4%

1.2 현지 정착 및 적응

1.2.1 현지 정착

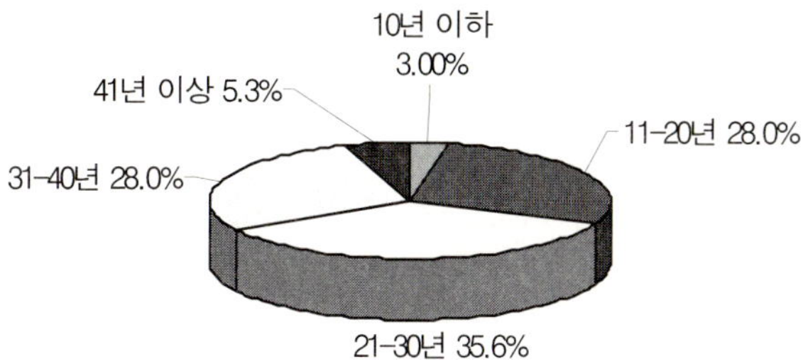

[그림 7] 거주국 정착 후 경과년도

전문가 집단의 거주국 정착 후의 경과년도를 살펴보면 21-30년이 35.6%, 31-40년과 11-20년이 각각 28.0%로 대부분 10년 이상 거주국에서 생활했음을 알 수 있다. 전체적인 평균 이민 햇수를 보면 약 27년으로 전문가 집단으로 활동하기 위해서는 상당한 기간이 필요하다는 것을 알 수 있다. 이를 국가별로 살펴보면, 브라질 32년, 아르헨티나 25년, 파라과이 23년, 멕시코 15년의 순이다. 이는 중남미 한인 이민의 국가별 역사와도 대체적으로 일치하는 것이다. 특이한 것은 멕시코의 경우인데 20년 이하와 40년 이상으로 양분된 것은 조사된 멕시코 전문가 집단이 최근 이민자와 3세 한인 후손들로 이루어졌기 때문이다. 직업별로는 정계 전문가의 이민 년수가 긴 편인데 이는 다른 직종에 비해 정계가 개인적 역량과 함께 오랜 기간을 두고 맺어진 인적 네트워크가 필요로 하는 영역이기 때문이라고 볼 수 있다.

〈표 15〉 국가별 거주국 정착 후 경과년도

	국가				전체
	파라과이	멕시코	아르헨티나	브라질	
10년 이하	5.3%	60.0%			3.0%
11-20년	26.3%	20.0%	39.3%	14.9%	28.0%
21-30년	68.4%		41.0%	19.1%	35.6%
31-40년			18.0%	55.3%	28.0%
41년 이상		20.0%	1.6%	10.6%	5.3%

〈표 16〉 국가별 거주국 정착 후 경과년도 평균

국가	경과년도 평균
파라과이	23.47
멕시코	14.60
아르헨티나	25.16
브라질	31.85
전체	26.90

〈표 17〉 직업별 거주국 정착 후 경과년도 평균

직업별	경과년도 평균
법조인	27.06
정계	33.00
의료인	26.35
학자	28.83
문화예술인	20.75
기타	25.30
전체	26.63

1.2.2 정착시 어려움과 지원

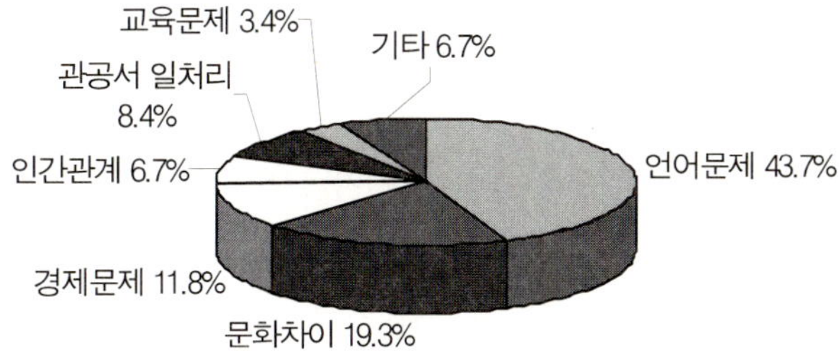

[그림 8] 거주국 정착시 어려움

이들이 정착 초기 직면했던 가장 큰 어려움은 언어소통문제(43.7%)였다. 이외 문화차이(19.3%)나 경제적 어려움(11.8%), 관공서 일처리(8.4%) 등의 순으로 나타나고 있는데 이는 이민국에서의 언어와 문화차이에 따른 문제가 가장 크다는 점을 알 수 있다.

〈표 18〉 국가별 거주국 정착시 어려움

	국가				전체
	파라과이	멕시코	아르헨티나	브라질	
언어문제	50.0%	33.3%	45.1%	41.3%	43.7%
문화차이	31.3%		21.6%	15.2%	19.3%
경제문제	12.5%		9.8%	15.2%	11.8%
인간관계			5.9%	10.9%	6.7%
관공서 일처리		33.3%	9.8%	6.5%	8.4%
교육문제	6.3%		2.0%	4.3%	3.4%
기타		33.3%	5.9%	6.5%	6.7%

이러한 문제들을 해결하기 위해 이들은 주로 친인척(27.8%), 친구(25.0%), 종교단체(20.8%) 그리고 현지인(12.5%)에게 도움을 받았으며 이는 이민생활의 어려움을 대사관, 한인회, 현지기관보다는 주로 비공식적이고 개인적인 차원에서 해결하였음을 보여주는 것이다. 특히 중남미 여러 나라에 분포해 있는 이민자 교회는 종교단체 본연의 활동이외에도 한인들의 이민 생활 전 과정에서 큰 역할을 수행했음을 보여주는 것이라고 할 수 있다. 이들은 이민 초기 새로운 사람들을 사귀고, 일자리와 일거리를 찾는 것이나 살집을 구하는 데 도움을 받았다.

〈표 19〉 국가별 정착시 피도움 대상

	국가				전체
	파라과이	멕시코	아르헨티나	브라질	
친인척	44.4%		29.0%	23.3%	27.8%
친구	11.1%		32.3%	23.3%	25.0%
동창/향우회	11.1%		3.2%		2.8%
한인회	11.1%			3.3%	2.8%
종교단체	11.1%	50.0%	19.4%	23.3%	20.8%
대사관		50.0%		3.3%	2.8%
현지인	11.1%		12.9%	13.3%	12.5%
현지기관				6.7%	2.8%
기타			3.2%	3.3%	2.8%

1.2.3 차별의 정도와 이유

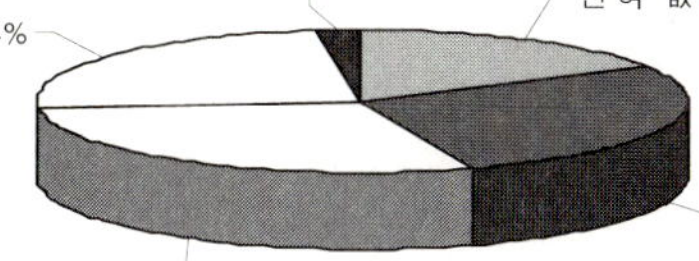

[그림 9] 한국인 차별 경험정도

중남미 4개국 전문가 집단은 한국인이기 때문에 거주국에서 차별받았냐는 설문에 대해 '전혀없다' 17%, '없다' 27%, '보통' 19%, '있다' 24%, '많다' 2%로 응답하였다. 이를 차별을 '전혀 받지 않았다'를 1로 하고 '많이 받았다'를 5로 하여 지수화하면 평균 2.67로 계산되는데 이는 차별을 별로 받지 않았거나 약간의 차별을 받았음을 의미한다. 따라서 중남미에서 한국인에 대한 차별은 없거나 거의 없다고 할 수 있다. 국가별로 큰 차이를 보이진 않지만 비교적 브라질이 한인이민에 대한 차별이 없는 것으로 나타났으며 연령별로 보면, 나이가 많을수록 차별을 경험하는 정도가 낮은 것으로 나타났다.

〈표 20〉 국가별 차별경험정도 평균

국가	횟 수
파라과이	3.05
멕시코	2.11
아르헨티나	3.12
브라질	2.06
전체	2.67

〈표 21〉 연령별 차별경험정도 평균

연령	횟 수
20대 이하	3.09
30대	2.90
40대	2.53
50대 이상	2.04
전체	2.68

한인 전문가들은 문화적 차이에 대한 이해 부족(36.8%)이 차별을 받는 가장 큰 이유라고 생각한다. 다음으로는 언어소통문제, 피부색, 출신국가 때문에 차별받는 것으로 드러났다. 그러나 국가별로는 약간의 차이를 보이는데 아르헨티나에서는 피부색(22.7%)이 피차별의 또 다른 주요한 이유이지만 브라질에서는 그렇지 않아 좋은 대조를 보였다. 아르헨티나는 남미에서 백인 인구가 가장 많은 나라이며 반면 브라질은 유럽계와 아프리카계의 혼혈이 가장 큰 규모가 이루어진 나라이다. 따라서 한인에 대한 차별의 정도는 이민국의 인종 구성과 사회 인식과도 밀접한 관계가 있다고 할 수 있다.

〈표 22〉 국가별 한국인 피차별 이유

	국가				전체
	파라과이	멕시코	아르헨티나	브라질	
피부색	17.6%	16.7%	22.7%	5.0%	17.2%
출신국가	11.8%		11.4%	20.0%	12.6%
언어소통문제	23.5%	33.3%	11.4%	30.0%	19.5%
문화차이	35.3%	33.3%	36.4%	40.0%	36.8%
경쟁관계	5.9%		13.6%	5.0%	9.2%
잘난체해서	5.9%	16.7%	4.5%		4.6%

한인 전문가 집단이 차별받았다고 느끼는 주 영역은 전체적으로 볼 때 학교(32.4%)였으며 다음으로는 관공서(12.2%) - 모든 영역(21.6%) - 이웃관계(12.2%)의 순으로 나타나고 있다. 그러나 브라질과 파라과이에서는 학교보다는 모든 영역이 각각 50.0%, 30.8%로 나타나 아르헨티나와 멕시코와는 다른 현상을 보여주고 있다.

〈표 23〉 국가별 한국인 피차별 영역

	국가				전체
	파라과이	멕시코	아르헨티나	브라질	
직장	15.4%		7.0%	7.1%	8.1%
학교		50.0%	44.2%	21.4%	32.4%
관공서	23.1%	50.0%	23.3%	7.1%	21.6%
이웃관계	23.1%		9.3%	14.3%	12.2%
모든 영역	30.8%		11.6%	50.0%	21.6%
기타	7.7%		4.7%		4.1%

1.2.4 현지사회 접촉과 통합

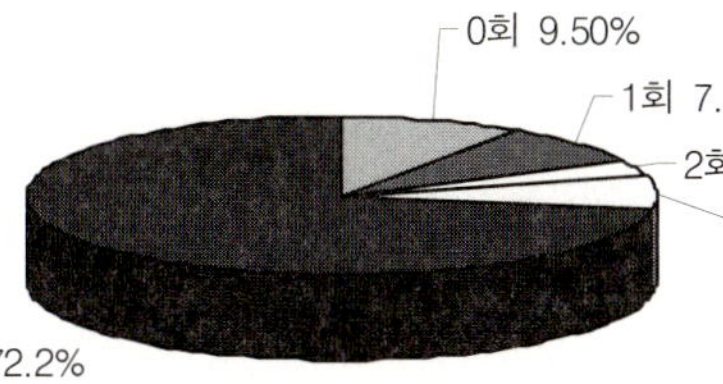

[그림 10] 월 현지인과의 모임 횟수

중남미 4개국 전문인 10명중 7명은 월 4회 이상 현지인들과 모임을 가짐으로써 매우 활발한 사회활동을 하고 있는 것으로 나타나고 있다. 그러나 월 1회 이하인 경우도 전체의 약 18%나 되었다.

〈표 24〉 국가별 월 현지인과의 모임 횟수

	국가				전체
	파라과이	멕시코	아르헨티나	브라질	
0회	10.0%	12.5%	11.8%	6.4%	9.5%
1회			13.7%	6.4%	7.9%
2회	10.0%	12.5%	2.0%		3.2%
3회			13.7%	4.3%	7.1%
4회 이상	80.0%	75.0%	58.8%	83.0%	72.2%

현지인과 모임을 갖는 이유를 보면, 우선 직업과의 연관성(43.1%)을 들 수 있다. 이들이 전문인임을 감안할 때 자연스런 결과라고 할 수 있다. 아울러 친구관계나 사교를 위해서도 현지인과 접촉을 가지며 이외에 현지문화를 익히고 거주국 국민이기 때문에 현지인을 만나는 것으로 나타났다.

〈표 25〉 국가별 현지인과 모임을 갖는 이유

	국가				전체
	파라과이	멕시코	아르헨티나	브라질	
직업과 관련	50.0%	57.1%	40.2%	42.7%	43.1%
현지문화적응 위해	3.6%		8.0%	8.5%	7.4%
자녀교육 때문에			5.7%	1.2%	2.9%
사교	17.9%		13.8%	20.7%	16.7%
거주국 국민이기 때문	7.1%		3.4%	4.9%	4.4%
친구가 많아서	17.9%	42.9%	27.6%	19.5%	23.5%
기타	3.6%		1.1%	2.4%	2.0%

반면에 현지인과 모임을 갖지 않는 이유로는 기회가 없기 때문(52.6%)이라는 응답이 가장 많았다. 이는 한인 이민이 현지인과 거주국에 대해 갖는 소극성을 반증하는 것이기도 하다. 다음으로는 말이 통하지 않거나 현지문화가 맞지 않거나 현지인이 싫기 때문인 것으로 나타났다.

〈표 26〉 국가별 현지인과 모임을 하지 않는 이유

	국가				전체
	파라과이	멕시코	아르헨티나	브라질	
말이 안통해서	33.3%		11.1%	16.7%	15.8%
현지문화가 안 맞아서			22.2%		10.5%
현지인이 싫어서			11.1%		5.3%
현지 문화 몰라서			11.1%		5.3%
현지인과 어울리기 싫어서			11.1%		5.3%
기회가 없어서	66.7%	100.0%	33.3%	66.7%	52.6%
기타				16.7%	5.3%

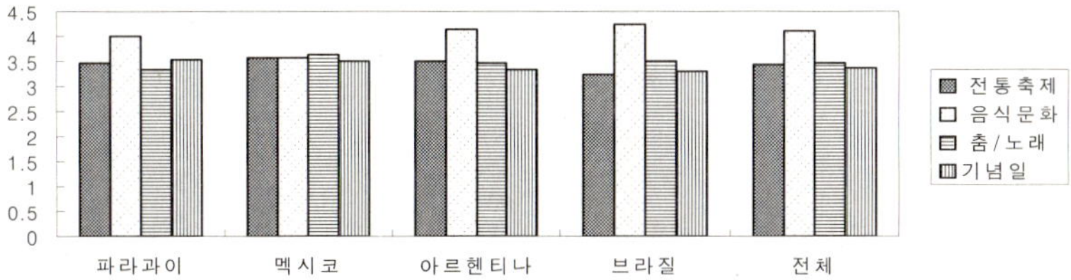

[그림 11] 거주국 문화 향유 정도

거주국 문화를 '전혀 즐기지 않는다'를 1로 하고 '매우 즐긴다'를 5

로 했을때 거주국 문화의 향유 정도를 살펴보면, 가장 적극적으로 수용하는 이민국 문화는 음식이다. 다음으로는 춤/노래-축제-국경/기념일 순으로 참여하는 것으로 나타났다.

거주국 문화의 수용 유형과 관련하여 주목할 점은 남성보다 여성이, 기혼자보다 미혼자가 거주국 문화에 더 개방적이라는 사실이다. 또 연령별로도 전반적으로 젊은 사람일수록 거주국 문화를 더 수용하고 있음을 알 수 있다. 따라서 향후 시간이 흐름에 따라 중남미 전문인들이 거주국 문화에 참여하는 정도는 더 커질 것이라는 예상을 가능케 한다.

〈표 27〉 성별 거주국 문화 향유 정도

성별	전통축제	음식문화	춤/노래	기념일
남	3.34	4.06	3.33	3.24
여	3.57	4.16	3.67	3.57
전체	3.42	4.10	3.46	3.37

〈표 28〉 결혼 여부에 따른 거주국 문화 향유 정도

결혼 여부	전통축제	음식문화	춤/노래	기념일
기혼	3.25	4.06	3.29	3.28
미혼	3.72	4.17	3.75	3.45
전체	3.40	4.09	3.44	3.34

〈표 29〉 연령별 거주국 문화 향유 정도

연령	전통축제	음식문화	춤/노래	기념일
20대 이하	3.92	4.36	3.96	3.60
30대	3.26	4.12	3.26	3.40
40대	3.53	4.14	3.44	3.29
50대 이상	3.14	3.83	3.45	3.27
전체	3.44	4.12	3.48	3.38

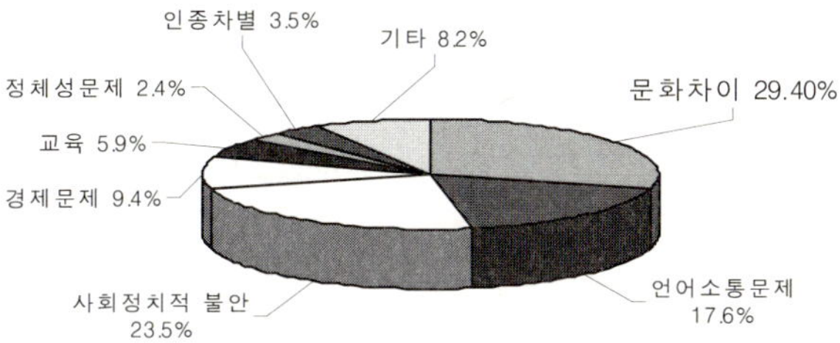

[그림 12] 거주국 생활시 어려움

전문가 집단이 해외생활에서 가장 어렵게 생각하는 것은 문화차이(29.4%)였다. 다음으로는 사회정치적 불안(23.5%)이었고 이외에도 언어소통의 문제(17.6%)나 경제문제(9.4%) 등을 주요한 어려움으로 지적했다. 중남미의 정치적 혼란과 반복되는 경제 위기를 반영하는 측면이 있다 하겠다.

거주국 생활에서 맞닥뜨리는 어려움에 대해 연령별로 약간의 차이를 보인다. 가장 심각한 생활 문제로 20대는 경제 문제, 30, 40대는 문화차이, 50대 이상은 언어소통 문제를 꼽았다. 사회정치적 불안 중에서 일상생활에서 치안이 부재함을 거주국 생활의 어려움으로 꼽는 경우가 많았다. 이외에도 부정부패나 거주국의 전문직 경시 풍조 등을 응답하기도 했다.

〈표 30〉 연령별 거주국 생활시 어려움

	연령				전체
	20대 이하	30대	40대	50대 이상	
문화차이	8.3%	40.6%	33.3%	21.1%	29.8%
언어소통문제	16.7%	12.5%	19.0%	26.3%	17.9%
사회정치적 불안	16.7%	28.1%	23.8%	21.1%	23.8%
경제문제	33.3%	3.1%	9.5%	5.3%	9.5%
교육	16.7%	6.3%	4.8%		6.0%
정체성문제	8.3%	3.1%			2.4%
인종차별		3.1%	4.8%	5.3%	3.6%
기타		3.1%	4.8%	21.1%	7.1%

2. 한인 정체성과 공동체 활동

2.1 한국인으로서의 자각

2.1.1 한국인 정체성 인지와 이유

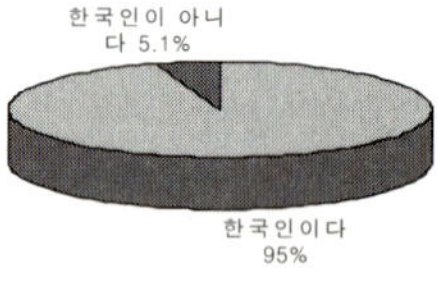

[그림 13] 본인의 한국인 정체성

파라과이, 멕시코, 아르헨티나, 브라질 한인 전문가 그룹은 94.9%가 스스로를 한국인으로 생각하고 있는 것으로 나타났으며, 5.1%만이 스스로를 한국인이 아니라고 생각하는 것으로 조사되었다. 이를 국가별로 살펴보면 이민 3세가 많은 멕시코(88.9%)를 제외하고는 아르헨티나(96.7%), 파라과이(95.0%), 브라질(93.6%)에 거주하는 전문가 그룹이 자신의 정체성을 한국에 두고 있다는 점에서는 거의 비슷한 비율을 보이고 있다.

〈표 31〉 국가별 본인의 한국인 정체성

	국 가				전체
	파라과이	멕시코	아르헨티나	브라질	
한국인이다	95.0%	88.9%	96.7%	93.6%	94.9%
한국인이 아니다	5.0%	11.1%	3.3%	6.4%	5.1%

이를 이민세대별로 살펴보면 세대가 지날수록 본인들의 한국인 정체성에 대한 의식이 낮아지는 것으로 조사되었다. 1세대나 1.5세대는 자신이 한국 사람이라고 생각하는 비율이 각각 95.0%, 96.0%로 별반 차이를 보이지 않으나, 현지에서 출생한 2세대, 3세대 한인들은 자신들을 한국인으로 생각하는 비율이 각각 83.3%, 75.0%로 앞선 세대들과는 상당한 차이를 보인다. 특히, 이민 3세들의 경우에는 4명 중의 1명 꼴로 자신이 한국인이 아니라고 생각하는 것으로 조사되었다.

〈표 32〉 이민세대별 본인의 한국인 정체성

	이 민 세 대				전체
	1세	1.5세	2세	3세	
한국인이다	95.0%	96.0%	83.3%	75.0%	94.7%
한국인이 아니다	5.0%	4.0%	16.7%	25.0%	5.3%

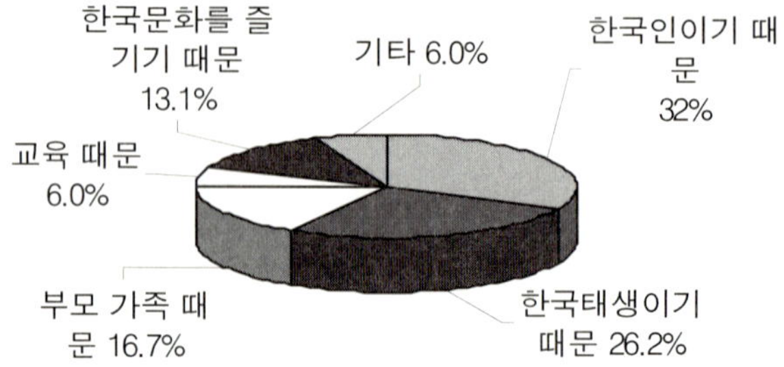

[그림 14] 한국인 정체성 인지 이유

한편 한국인으로서의 정체성을 갖는 이유로는 한국인이기 때문에라는 답변이 가장 많았고(32%), 그 외에 출생지가 한국이기 때문(26.2%), 부모나 가족 때문(16.7%), 한국문화를 즐기기 때문(13.1%), 교육 때문(6.0%)의 순으로 답변하고 있다.

이를 국가별로 살펴보면 멕시코나 파라과이에 거주하는 한인 전문가들은 자신들이 한국인으로서의 정체성을 갖는 가장 큰 이유로 한국인이기 때문이라고 답변했고, 아르헨티나와 브라질의 한인 전문가 그룹은 자신들이 한국인이고 한국 태생이라는 사실을 한국인으로서의 정체성을 갖는 주된 이유로 꼽았다. 특히 멕시코의 경우에는 현지에서 출생한 3세들이 많은 관계로 한국태생을 그 요인으로 답변한 사람이 한 사람도 없었고, 또한 이들은 한국문화를 접촉할 기회가 적어 문화를 통해 정체성을 인지하는 경우도 없는 것으로 나타났다.

〈표 33〉 국가별 한국인 정체성 인지 이유

	국가				전체
	파라과이	멕시코	아르헨티나	브라질	
한국인이기 때문	55.6%	60.0%	31.0%	21.4%	32.1%
한국태생이기 때문	11.1%		26.2%	35.7%	26.2%
부모 가족 때문	11.1%	20.0%	16.7%	17.9%	16.7%
교육 때문	11.1%	20.0%	4.8%	3.6%	6.0%
한국문화를 즐기기 때문	11.1%		14.3%	14.3%	13.1%
기타			7.1%	7.1%	6.0%

한국인으로 정체성을 인지하는 이유를 이민세대별로 살펴보면 1세대에서는 한국인이라는 사실이 가장 큰 이유로 나타나고(66.7%), 1.5세대에서는 한국인이기 때문에(28.6%)와 한국태생이기 때문에(30.2%)가 거의 비슷한 비율을 보인다. 그러나 2세의 경우에는 한국태생이라는 이유 대신에 부모 가족 때문에(40.0%), 3세의 경우에는 교육 때문에(33.3%)가 주된 이유로 나타난다. 이 결과를 놓고 보면 2, 3세의 한국인으로 정체성을 인지하는 데 가정교육의 역할이 중요함을 알 수 있다.

〈표 34〉 이민세대별 정체성 인지 이유

	이 민 세 대				전체
	1세	1.5세	2세	3세	
한국인이기 때문	66.7%	28.6%	40.0%	33.3%	33.8%
한국태생이기 때문	11.1%	30.2%			25.0%
부모 가족 때문		15.9%	40.0%	33.3%	16.3%
교육 때문		6.3%		33.3%	6.3%
한국문화를 즐기기 때문	11.1%	12.7%	20.0%		12.5%
기타	11.1%	6.3%			6.3%

한편 조사대상 4개국에 거주하는 한인 전문가 그룹이 스스로를 한국인이라 생각하지 않는 가장 큰 이유로는 현지 태생이기 때문이라고 답했으며(50%), 그 다음으로 현지문화를 즐기기 때문(16.7%), 국적이 아니기 때문(16.7%), 이중 정체성 때문(16.7%)인 것으로 나타났다. 이를 국가별로 자세히 살펴보면 파라과이의 경우 응답자의 100%가 한국문화를 접하지 않고 현지문화를 즐기는 것을 그 이유로 꼽았다. 아르헨티나의 경우에는 50%가 현지에서 출생했기 때문에 한국인이 아닌 아르헨티나인으로 생각한다고 답했으며, 절반은 한국인, 나머지 절반은 아르헨티나 사람이라고 생각하는 이중적 정체성을 갖고 있는 것으로 조사되었다. 이는 남성보다는 여성에게서 많이 나타났으며, 여성 조사대상자의 33.3%가 이러한 이중적 정체성을 가지고 있다고 응답했다. 브라질의 경우에는 현지에서 태어난 이유로 인해 한국인으로 생각하지 않는다고 답변한 사람이 66.7%에 달했으며, 나머지 33.3%는 국적과 민족 정체성을 동일시하여 브라질 국적을 가지고 있으므로 한국 사람이라고 생각하지 않는다고 답했다.

〈표 35〉 국가별 한국인 정체성 미인지 이유

	국가			전체
	파라과이	아르헨티나	브라질	
현지태생이기 때문		50.0%	66.7%	50.0%
현지문화를 즐기기 때문	100.0%			16.7%
국적이 아니기 때문			33.3%	16.7%
이중정체성		50.0%		16.7%

한국인이라고 생각하지 않는 이유를 연령별로 살펴보면 20대 이하에서는 현지 태생이기 때문에 스스로를 한국인으로 생각하지 않는다고 대답한 사람이 50%, 이중적 정체성을 느끼기 때문이라고 답한 사람이 50%로 나타났다. 30대에서는 100%가 현지문화를 즐기기 때문에 스스로를 한국인으로 생각하지 않는다고 답했으며, 40대에서는 현지 태생이기 때문에(50%), 국적이 한국이 아니기 때문에(50%) 한국인으로 정체성을 갖지 못한 것으로 나타났다. 그리고 50대에서는 100%가 현지에서 출생했기 때문에 스스로를 한국인으로 생각하지 않는다고 답했다. 여기서 한 가지 특이한 것은 이중적 정체성은 20대 이하에서만 나타난다는 점이다.

〈표 36〉 연령별 한국인 정체성 미인지 이유

	연 령				전체
	20대 이하	30대	40대	50대 이상	
현지태생이기 때문	50.0%		50.0%	100.0%	50.0%
현지문화를 즐기기 때문		100.0%			16.7%
국적이 아니기 때문			50.0%		16.7%
이중정체성	50.0%				16.7%

2.1.2 한국인이라고 생각하는 것에 대한 영향 요인

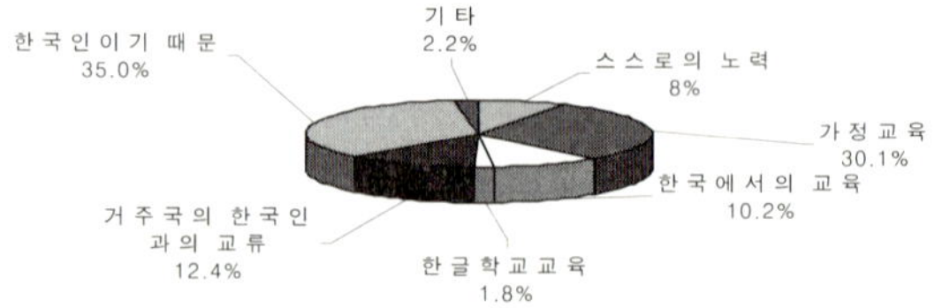

[그림 15] 한국인이라고 생각하는 것에 대한 영향 요인

이들 4개 국가 한인 전문가들이 스스로를 한국인이라고 생각하는 데 가장 큰 영향을 미친 요소로는 한국인이기 때문(35%), 가정교육(30.1%), 거주국의 한국인과의 교류(12.4%), 한국에서의 교육(10.2%), 스스로의 노력(8.4%), 한글학교 교육(1.8%) 등으로 나타났다. 스스로가 자각하고 있는 한국인이란 사실을 제외하고는 가정교육이 한국인이라고 생각하는 데 가장 큰 영향을 주고 있는 요소이다. 이를 국가별로 살펴보면 파라과이(34.3%)나 브라질(32.5%)의 경우에는 가정교육이 한국인이라는 자각과 거의 같은 영향을 주는 것으로 나타났고, 멕시코나 아르헨티나의 경우에는 가정교육이 한국인이라는 자각 다음으로 영향을 많이 주는 것으로 조사되었다.

멕시코를 제외한 다른 나라에서는 위에서 언급한 6가지 요소들이 다 영향을 주는 것으로 나타났으나, 멕시코에 거주하는 한인 전문가 그룹의 경우에는 한글학교 교육과 거주국 한국인과의 교류는 스스로를 한국인으로 생각하는 데 전혀 영향을 끼치지 못한 요소로 조사되었다. 이는 현지 출생의 2, 3세에 대한 한글학교 교육이 미흡함과 동시에 이들이 멕시코에 거주하는 한국인과의 교류가 거의 없음을 말해주는 것이라 판단된다. 한글학교 교육은 4개국에서 공히 이들 국가 거주 한인들의 정체성 인식에 미치는 영향이 아주 미미한 것으로 나타났다.

〈표 37〉 국가별 한국인이라고 생각하는 것에 대한 영향 요인

	국가				전체
	파라과이	멕시코	아르헨티나	브라질	
스스로의 노력	11.4%	10.0%	8.7%	6.5%	8.4%
가정교육	34.3%	20.0%	27.9%	32.5%	30.1%
한국에서의 교육	8.6%	10.0%	7.7%	14.3%	10.2%
한글학교교육	2.9%		1.0%	2.6%	1.8%
거주국의 한국인과의 교류	8.6%		16.3%	10.4%	12.4%
한국인이기 때문	34.3%	40.0%	37.5%	31.2%	35.0%
기타		20.0%	1.0%	2.6%	2.2%

이를 이민세대별로 분석하여 보면 1세대(45.2%)나 1.5세대(35.7%)의 경우 한국인이라는 자각이 가장 중요한 영향 요인이나, 2세대(41.7%)나 3세대(40.0%)에서는 가정교육이 가장 영향을 많이 주는 것으로 나타났다. 이는 현지에서 출생한 한인들의 정체성 확립을 위해서는 가정교육이 매우 중요한 요소임을 보여주는 것이라 할 수 있겠다. 또한 2세나 3세의 경우 한글학교 교육이 한국인으로서의 정체성 인식에 아무런 영향을 미치지 못하는 것으로 나왔다. 이런 결과를 놓고 볼 때 향후 이들 국가의 한글학교 교육현황에 대한 심도 있는 조사와 함께 2세나 3세들이 한글학교 교육을 체계적으로 받을 수 있는

방안이 강구되어야 할 것으로 사료된다.

〈표 38〉 이민세대별 한국인이라고 생각하는 것에 대한 영향 요인

	이 민 세 대				전체
	1세	1.5세	2세	3세	
스스로의 노력	3.2%	9.5%	8.3%	20.0%	8.8%
가정교육	16.1%	31.5%	41.7%	40.0%	30.1%
한국에서의 교육	25.8%	8.3%			10.2%
한글학교교육	3.2%	1.8%			1.9%
거주국의 한국인과의 교류	6.5%	11.9%	25.0%		11.6%
한국인이기 때문	45.2%	35.7%	16.7%		35.2%
기타		1.2%	8.3%	40.0%	2.3%

2.1.3 한국어 구사능력

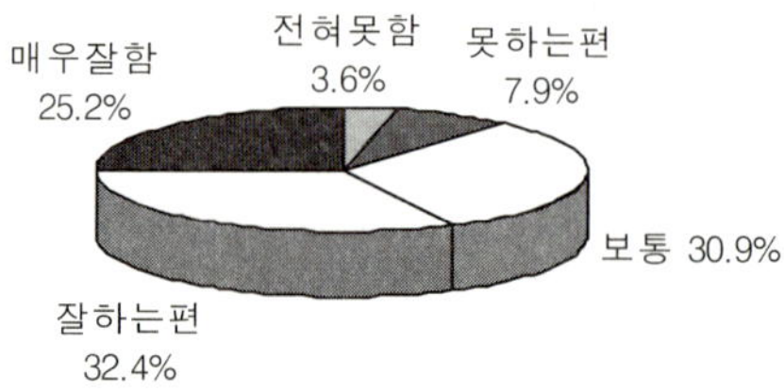

[그림 16] 한국어 구사 능력 정도

파라과이, 멕시코, 아르헨티나, 브라질 전문가 집단의 88.5%가 한

국어를 보통 이상으로 구사할 수 있는 것으로 나타났다. 이 중에서 57.6%가 한국어를 잘 하는 것으로 생각하고 있고, 30.9%에 달하는 사람들이 자신의 한국어 수준을 보통이라고 평가하고 있다. 반면, 한국어를 잘 구사하지 못한다고 생각하는 사람들의 비율은 11.9%로 낮게 조사되었다. 이는 이들 국가에 거주하는 한인 전문가들 사이에서 한국어가 잘 유지되고 있음을 보여준다.

이를 국가별로 살펴보면 브라질에 거주하는 한인 전문가들이 한국어를 잘 구사하는 것으로 나타났고(66.8%), 뒤를 이어 아르헨티나(55.7%), 멕시코(44.4%), 파라과이(42.8%) 순으로 조사되었다. 멕시코의 경우는 다른 나라와 다른 양상을 보이는데 우선, 한국어를 보통 수준으로 구사한다고 응답한 사람이 없고, 잘하거나 못한다고만 응답하고 있다. 특히, 한국어를 전혀 구사하지 못한다고 응답한 비율이 44.4%에 이르는데, 이는 설문대상자 중 이민 3세가 다른 나라에 비해 월등히 많기 때문인 것으로 생각된다.

〈표 39〉 국가별 한국어 구사능력 정도

	국가				전체
	파라과이	멕시코	아르헨티나	브라질	
전혀 못함		44.4%		2.1%	3.6%
못하는편	14.3%	11.1%	8.2%	4.2%	7.9%
보통	42.9%		36.1%	25.0%	30.9%
잘하는편	19.0%	11.1%	34.4%	39.6%	32.4%
매우 잘함	23.8%	33.3%	21.3%	29.2%	25.2%

이민자의 모국어 구사능력은 이민세대와 밀접한 관련이 있는 것으로 나타났다. 우선, 이민 1세대의 경우에는 전원 한국어를 구사하는 것으로 나타났다. 한국에서 태어나 어렸을 때 이민을 간 소위 말하는 1.5세대의 경우에는 92.3%가 한국어를 보통 이상으로 구사하는 것으로 조사되었다. 그러나 현지에서 태어난 2세들은 57.2%만이 보통 수준 이상으로 한국어를 구사하는 것으로 나타났고, 2세 중 42.9%는 못하는 편이라고 평가했다. 3세의 경우에는 100%가 한국어를 전혀 하지 못한 것으로 조사되었다. 이는 이민자의 언어는 세대가 흐르면서 점차 현지어로 전환된다는 다른 이민자 집단의 경향과 일치함을 보여주고 있다. 또한 민족 정체성을 형성하는 중요한 요소인 언어가 세대가 지나면서 소멸되는 것을 막기 위해서는 현지에서 출생한 한인들에 대한 한국어의 교육이 체계적이고 지속적으로 실시될 필요가 있다고 생각된다.

〈표 40〉 이민 세대별 한국어 구사 능력 정도

	이 민 세 대				전체
	1세	1.5세	2세	3세	
전혀 못함		1.0%		100.0%	3.7%
못하는 편		6.8%	42.9%		7.5%
보통	25.0%	33.0%	42.9%		31.3%
잘하는 편	20.0%	37.9%	14.3%		32.8%
매우 잘함	55.0%	21.4%			24.6%

한국어 구사능력 정도를 연령별로 살펴보면 연령이 낮을수록 한국어 구사능력이 떨어짐을 알 수 있다. 즉 50대 이상이 한국어를 잘 하

는 비율이 가장 높고(73.9%), 20대 이하가 가장 낮은 것으로 나타났다(40%). 또한 50대 이상에서는 한국어를 못한다고 응답한 비율이 8.7%인 반면, 20대 이하에서는 24%가 한국어를 못한다는 것으로 나타났다. 따라서 이 지역에서 민족 정체성을 공고히 유지하기 위해서는 20대 이하의 젊은층에 대한 한국어 교육이 강화되어야 할 것으로 판단된다.

〈표 41〉 연령별 한국어 구사능력 정도

	연령				전체
	20대 이하	30대	40대	50대 이상	
전혀 못함		2.0%	2.5%	8.7%	2.9%
못하는 편	24.0%	2.0%	10.0%		8.0%
보통	36.0%	34.0%	32.5%	17.4%	31.2%
잘하는 편	36.0%	30.0%	30.0%	39.1%	32.6%
매우 잘함	4.0%	32.0%	25.0%	34.8%	25.4%

2.2. 한국인들과의 공동체 생활

2.2.1 월 한국인과 모임 횟수

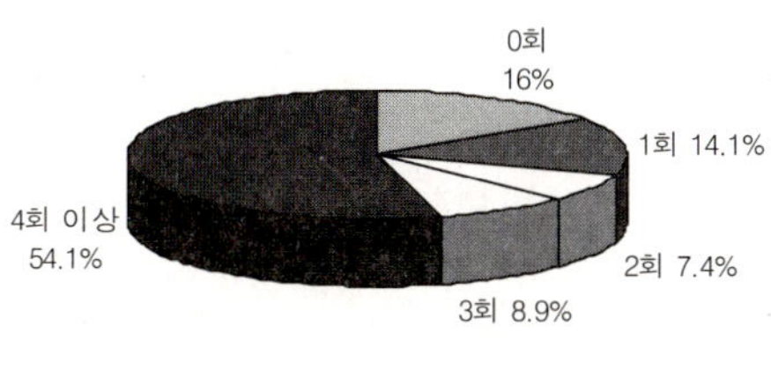

[그림 17] 월 한국인과의 모임 횟수

조사대상 4개국에 거주하는 한인 전문가들은 54.1%가 다른 한인들과 매월 4회 이상 모임을 갖는 것으로 나타났다. 반면 매월 한 번도 모임을 갖지 않는 경우도 16%로 두 번째로 높게 나왔다. 이는 한인들 사이의 유대감이 강하다는 것을 의미하는 한편 동시에 한인들과 별 관계를 갖지 않고 살아가는 사람들도 많다는 것을 나타낸다. 이를 국가별로 살펴보면 각 나라에서 공히 월 4회 이상의 모임을 갖는다는 비율이 가장 높게 나왔다. 그러나 파라과이와 브라질은 매월 한 번도 모임을 갖지 않는 비율이 각각 35.0%, 25.5%로 두 번째로 높게 조사되었다. 이는 파라과이, 브라질에 거주하는 한인 전문가 그룹이 아르헨티나, 멕시코의 한인 전문가 그룹에 비해 상호간의 접촉이 원활하지 못함을 나타낸다.

〈표 42〉 국가별 월 한국인과의 모임 횟수

	국가				전체
	파라과이	멕시코	아르헨티나	브라질	
0회	35.0%		3.4%	25.5%	15.6%
1회	15.0%	33.3%	11.9%	12.8%	14.1%
2회	10.0%	22.2%	6.8%	4.3%	7.4%
3회	5.0%		11.9%	8.5%	8.9%
4회 이상	35.0%	44.4%	66.1%	48.9%	54.1%

이민세대별로 매월 한인들과 만나는 횟수를 보면 각 세대별 공히 월 4회 이상을 만나는 경우가 가장 많고, 1세와 2세의 경우에는 매월 한 번도 모임을 갖지 않는 경우가 각각 30.0%와 33.3%로 두 번째로 그 비율이 높게 나타났다.

〈표 43〉 이민세대별 월 한국인과 모임 횟수

	이 민 세 대				전체
	1세	1.5세	2세	3세	
0회	30.0%	12.0%	33.3%		15.4%
1회	15.0%	14.0%		50.0%	14.6%
2회	15.0%	7.0%			7.7%
3회		10.0%	16.7%		8.5%
4회 이상	40.0%	57.0%	50.0%	50.0%	53.8%

연령층별로 매월 한인들과 만나는 횟수를 살펴보면 30대와 40대에서 매월 4회 이상 모임을 갖는 비율이 각각 59.2%와 63.2%로 높게 나왔고, 반면 한 달에 한 번도 모임을 갖지 않는 경우는 20대 이하(16.0%)와 40대(21.1%)에서 높은 비율을 나타낸다.

〈표 44〉 연령별 월 한국인과 모임 횟수

	연 령				전체
	20대 이하	30대	40대	50대 이상	
0회	16.0%	10.2%	21.1%	18.2%	15.7%
1회	24.0%	12.2%	5.3%	22.7%	14.2%
2회	8.0%	8.2%	5.3%	9.1%	7.5%
3회	8.0%	10.2%	5.3%	13.6%	9.0%
4회 이상	44.0%	59.2%	63.2%	36.4%	53.7%

2.2.2 한인들과의 모임 이유

[그림 18] 한인들과 모임을 갖는 이유

4개국 거주 한인 전문가 그룹이 한인들과 모임을 갖는 가장 주된 이유는 '사교를 위해서'이다(33.0%). 그 외에 '직업상'(23.6%), '종교 활동을 위해서'(23.6%)의 순으로 나타났다. 이들이 거주하는 국가별로 그 이유를 살펴보면 나라마다 그 비율이 다르게 나타나는데, 파라과이와 멕시코는 '종교 활동을 위해서'라는 답변이 각각 44.4%와 42.9%로 가장 높게 나온 반면, 아르헨티나와 브라질의 경우에는 '사교를 위해서'라는 응답이 각각 34.5%와 34.4%로 가장 높게 나타났다. 특히,

〈표 45〉 국가별 한인과 모임을 갖는 이유

	국가				전체
	파라과이	멕시코	아르헨티나	브라질	
직업상	22.2%	14.3%	24.1%	25.0%	23.6%
사교를 위해	33.3%	14.3%	34.5%	34.4%	33.0%
자녀교육을 위해				9.4%	2.8%
종교활동을 위해	44.4%	42.9%	25.9%	9.4%	23.6%
기타		28.6%	15.5%	21.9%	17.0%

브라질의 경우에는 '종교 활동'이 한인들의 모임에 별 다른 영향을 주지 못하는 것으로 나왔고, 다른 3개국의 전문가 그룹과는 달리 '자녀교육을 위해' 한인들과 만난다는 응답이 있었다.

한인들과 모임을 갖는 이유를 이민세대별로 살펴보면 이민 1세대에서는 사교를 위해 한인들과 모임을 갖는다는 답변이 66.7%로 압도적으로 많았으며, 1.5세대에서는 사교를 위해(29.3%), 종교 활동을 위해(28.0%), 직업상(25.6%)이라고 답변한 비율이 거의 비슷하게 나나왔다. 2세에서는 사교를 위해서라는 답변이 많았고(33.3%), 3세에서는 직업상 한인들을 만난다는 비율이 가장 높았다(33.3%).

〈표 46〉 이민세대별 한인과 모임을 갖는 이유

	이 민 세 대				전체
	1세	1.5세	2세	3세	
직업상	16.7%	25.6%	16.7%	33.3%	24.3%
사교를 위해	66.7%	29.3%	33.3%		33.0%
자녀교육을 위해	8.3%	2.4%			2.9%
종교활동을 위해	8.3%	28.0%			23.3%
기타		14.6%	50.0%	66.7%	16.5%

한인들과 모임을 갖는 이유를 연령층별로 살펴보면 20대 이하와 50대 이상에서는 사교를 위해 한인을 만난다는 비율이 각각 40%와 47.1%로 가장 높게 나왔고, 30대에서는 직업상(30.8%), 사교를 위해서(28.2%)라는 답변이 비슷하게 나왔으며 40대에서는 직업상(27.6%), 사교를 위해서(27.6%), 종교 활동을 위해(24.1%)라는 세 가지 답변이 비슷한 비율을 보인다.

한편 4개국 거주 한인 전문가 그룹이 한국인과 모임을 갖지 않는 가장 큰 이유는 필요성을 느끼지 못해서이다(34.8%). 그 외에 현지인과 더 친해서(26.1%), 시간이 없어서(17.4%), 한인들이 싫어서(8.7%) 순으로 나타났다. 이를 국가별로 살펴보면 아르헨티나의 경우에는 100%가 필요성이 없어서 한인들과 모임을 갖지 않는다고 답했고, 파라과이의 경우에는 한인들과 모임을 갖지 않는 이유로 현지인과 더 친해서라는 비율이 44.4%로 가장 높았다. 브라질의 경우에는 필요성을 느끼지 못해서라는 답변이 가장 많았고(33.3%), 그 다음으로 시간이 없어서(16.7%)와 현지인과 더 친해서(16.7%)라는 답변이 많았다.

〈표 47〉 국가별 한인과 모임을 갖지 않는 이유

	국 가			전체
	파라과이	아르헨티나	브라질	
한인들이 싫어서	11.1%		8.3%	8.7%
필요성을 느끼지 못해	22.2%	100.0%	33.3%	34.8%
시간이 없어서	22.2%		16.7%	17.4%
현지인과 더 친해서	44.4%		16.7%	26.1%
기타			25.0%	13.0%

이민세대별로 한인들과 모임을 갖지 않는 이유를 살펴보면 1세와 2세에서는 필요성을 느끼지 못해서라고 답변한 비율이 각각 50%, 100%로 압도적인 반면, 1.5세에서는 25%로 시간이 없어서(25.0%)와 현지인과 더 친해서(25.0%)라는 답변과 동일한 비율을 보인다. 또한 한인들이 싫어서 이들과 모임을 갖지 않는다는 답변은 1.5세에서만 나왔다.

〈표 48〉 이민세대별 한인과 모임을 갖지 않는 이유

	이민세대			전체
	1세	1.5세	2세	
한인들이 싫어서		8.3%		4.8%
필요성을 느끼지 못해	50.0%	25.0%	100.0%	38.1%
시간이 없어서	12.5%	25.0%		19.0%
현지인과 더 친해서	25.0%	25.0%		23.8%
기타	12.5%	16.7%		14.3%

연령별로 한인들과 모임을 갖지 않는 이유를 살펴보면 20대 이하에서는 현지인과 더 친해서 그렇다는 비율이 66.7%로 압도적이고, 30대 이상에서는 연령층이 높아질수록 필요성을 느끼지 못해서라는 답변이 많이 나왔다. 20대 이하의 젊은층에서는 한인들보다는 현지인들과 교류하는 경우가 상대적으로 많기 때문에 현지인과 더 친해서 한인들과 모임을 갖지 않는 것으로 보인다.

〈표 49〉 연령별 한인과 모임을 갖지 않는 이유

	연령				전체
	20대 이하	30대	40대	50대 이상	
한인들이 싫어서		25.0%			8.7%
필요성을 느끼지 못해	33.3%	25.0%	33.3%	50.0%	34.8%
시간이 없어서		25.0%	16.7%	16.7%	17.4%
현지인과 더 친해서	66.7%	25.0%	16.7%	16.7%	26.1%
기타			33.3%	16.7%	13.0%

2.2.3 한인사회 관련 정보습득 경로

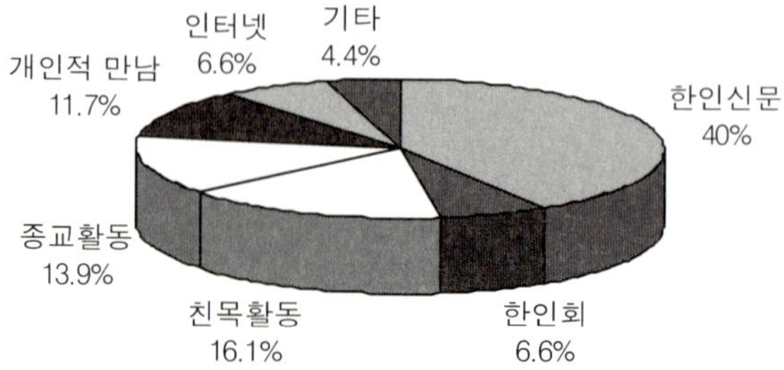

[그림 19] 한인 사회 관련 정보 습득 경로

파라과이, 멕시코, 아르헨티나, 브라질에 거주하는 한인 전문가 그룹이 한인사회 관련 정보를 얻는 가장 중요한 통로는 한인신문이다(40%). 그 외에 친목 활동(16.1%), 종교 활동(13.9%), 개인적 만남(11.7%), 한인회(6.6%), 인터넷(6.6%) 순으로 나타났다. 여기서 특이한 점은 한인회와 인터넷을 통한 정보의 습득 비중이 매우 낮다는 것이다. 이는 한인회가 많은 사람들로부터 유리되어 있다는 점과 이 지역에 아직 인터넷 보급률이 매우 낮기 때문인 것으로 판단된다. 주요 정보습득 경로를 국가별로 살펴보면 파라과이와 아르헨티나의 경우에는 한인신문을 통한 정보의 습득 비율이 각각 68.4%와 46.0%로 다른 통로에 비해 압도적으로 높으나 브라질의 경우에는 다양한 경로들이 서로 비슷한 비율을 보이고 있다. 멕시코는 다른 경로들보다 한인회를 통한 정보습득이 상대적으로 높은 비율을 차지한다.

〈표 50〉 국가별 한인사회 관련 정보습득 경로

	국 가				전체
	파라과이	멕시코	아르헨티나	브라질	
한인신문	68.4%	25.0%	46.0%	25.5%	40.9%
한인회	5.3%	37.5%	6.3%	2.1%	6.6%
친목활동	5.3%		19.0%	19.1%	16.1%
종교활동		25.0%	19.0%	10.6%	13.9%
개인적 만남	21.1%			25.5%	11.7%
인터넷			6.3%	10.6%	6.6%
기타		12.5%	3.2%	6.4%	4.4%

한인사회 정보습득 경로를 이민세대별로 살펴보면 1세대는 한인신문(25.0%)이나 개인적 만남(25.0%)을 통해 한인사회 정보를 습득하는 경우가 많고, 1.5세는 한인신문(48.0%), 그리고 2세대는 친목활동(42.9%)을 통해서 한인사회 정보를 얻는 경우가 많은 것으로 나타났다. 인터넷을 통한 한인사회 정보습득은 그 비율이 낮을 뿐만 아니라

〈표 51〉 이민세대별 한인사회 관련 정보습득 경로

	이민세대				전체
	1세	1.5세	2세	3세	
한인신문	25.0%	48.0%	28.6%		42.1%
한인회	5.0%	4.9%		75.0%	6.8%
친목활동	15.0%	14.7%	42.9%		15.8%
종교활동	10.0%	14.7%	14.3%		13.5%
개인적 만남	25.0%	9.8%			11.3%
인터넷	15.0%	4.9%			6.0%
기타	5.0%	2.9%	14.3%	25.0%	4.5%

1세대나 1.5세에서만 가능한 것으로 조사되었다. 이는 한인사회에 대한 인터넷 정보가 많지도 않을 뿐만 아니라 그것도 한글로 되어있는 경우가 대부분이어서 2세나 3세가 접근하기에 어려움이 많기 때문인 것으로 판단된다.

한인사회 정보습득 경로를 연령별로 살펴보면 각 연령층별로 공히 한인신문을 통한 정보습득 비율이 가장 높게 나타난다. 다음으로 친목 활동, 종교 활동의 순이다. 인터넷을 통한 정보습득은 50대 이상에서만 높게 나타난다.

〈표 52〉 연령별 한인사회 관련 정보습득 경로

	연령				전체
	20대 이하	30대	40대	50대 이상	
한인신문	33.3%	52.9%	31.6%	39.1%	41.2%
한인회	8.3%	3.9%	7.9%	4.3%	5.9%
친목활동	29.2%	13.7%	15.8%	8.7%	16.2%
종교활동	16.7%	13.7%	15.8%	8.7%	14.0%
개인적 만남		11.8%	15.8%	17.4%	11.8%
인터넷	4.2%	3.9%	7.9%	13.0%	6.6%
기타	8.3%		5.3%	8.7%	4.4%

〈표 53〉 연령별 한인과 모임을 갖는 이유

	연령				전체
	20대 이하	30대	40대	50대 이상	
직업상	15.0%	30.8%	27.6%	5.9%	22.9%
사교를 위해	40.0%	28.2%	27.6%	47.1%	33.3%
자녀교육을 위해			6.9%	5.9%	2.9%
종교활동을 위해	20.0%	25.6%	24.1%	23.5%	23.8%
기타	25.0%	15.4%	13.8%	17.6%	17.1%

2.3. 한국의 전통과 문화

2.3.1 거주국의 한국 관련 교육 경험

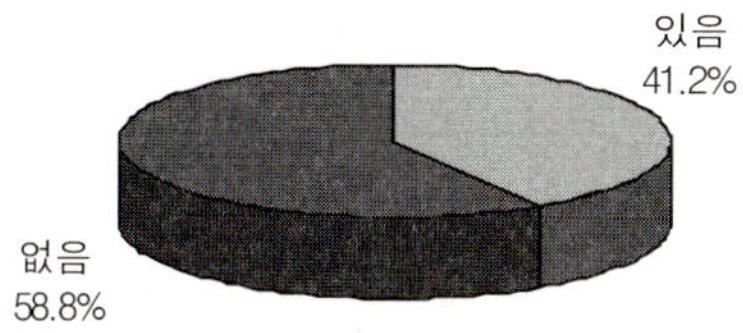

[그림 20] 거주국에서의 한국 관련 교육 경험 여부

조사 대상 4개국에 거주하는 한인 전문가들은 자신들이 거주하는 국가에서 한국 언어, 문화, 역사 등 한국 관련 교육을 받아본 사람(41%)보다는 받아보지 못한 사람(58.8%)이 더 많은 것으로 조사되었다. 이를 국가별로 좀 더 자세히 살펴보면 이들이 거주하는 국가에 따라 차이를 보이는데, 파라과이, 멕시코의 경우에는 한국 관련 교육을 받은 적이 있는 사람이 그렇지 않은 사람보다 더 많은 것으로 나타나지만, 아르헨티나 브라질의 경우에는 한국 관련 교육을 받은 적이 없는 사람이 받은 적이 있는 사람보다 훨씬 더 많은 것으로 조사되었다. 이는 멕시코나 파라과이보다 아르헨티나 브라질에 거주하는 교민의 수가 훨씬 더 많아 한국 관련 교육을 받을 수 있는 기회가 상대적으로 적었기 때문인 것으로 판단된다.

〈표 54〉 국가별 거주국에서 한국 관련 교육 경험 여부

	국 가				전체
	파라과이	멕시코	아르헨티나	브라질	
있음	52.6%	57.1%	38.3%	37.8%	41.2%
없음	47.4%	42.9%	61.7%	62.2%	58.8%

거주국에서 한국 관련 교육 경험 여부를 이민세대별로 분석해보면 이민 1세나 1.5세보다는 2세나 3세들이 한국 관련 교육을 훨씬 더 많이 받은 적이 있는 것으로 나타났다. 한국과 관련하여 어느 정도 지식을 가지고 있는 1세나 1.5세에 비해 현지에서 출생하여 한국에 대한 지식이 거의 전무한 2세나 3세의 경우에는 자신의 정체성 확립을 위해 거주국에서 실시되는 한국 관련 교육에 많은 관심을 가지고 있는 것으로 판단된다.

〈표 55〉 이민세대별 거주국에서의 한국 관련 교육 경험 여부

	이 민 세 대				전체
	1세	1.5세	2세	3세	
있음	17.6%	41.6%	83.3%	75.0%	41.4%
없음	82.4%	58.4%	16.7%	25.0%	58.6%

한국 관련 교육 경험 여부를 연령층별로 살펴보면 이민세대와 비슷한 양상을 보인다. 다시 말하면, 나이가 적을수록 한국 관련 교육을 받은 사람의 수가 증가한다는 것이다.

〈표 56〉 연령별 거주국에서 한국 관련 교육 경험 여부

	연 령				전체
	20대 이하	30대	40대	50대 이상	
있음	62.5%	50.0%	30.6%	10.0%	40.8%
없음	37.5%	50.0%	69.4%	90.0%	59.2%

한편 거주국에서의 한국 관련 교육 경험 이유를 살펴보면 조사대상 4개국에 거주하는 한인 전문가들이 자신들이 거주하는 곳에서 한국 언어, 문화, 역사 등 한국 관련 교육을 받은 가장 큰 이유로 한국인으로 갖춰야 할 소양이기 때문이라고 답했다(49.2%). 그 외에 부모의 권유(23.0%), 그냥 받아보고 싶어서(11.5%), 직업상 필요해서(4.9%), 한글학교에서 의무적으로 실시하기 때문(4.9%)인 것으로 나타났다. 이러한 이유는 거주하는 국가에 따라 조금씩 다르게 나타나는데, 파라과이의 경우에는 81.8%가 한국 관련 교육을 받은 이유로 한국인으로 갖춰야할 소양이기 때문이라고 답했다. 아르헨티나나 브라질의 경우에도 한국인의 소양이라는 답변이 가장 많았으나 이 외

〈표 57〉 국가별 거주국에서 한국 관련 교육 경험 이유

	국 가				전체
	파라과이	멕시코	아르헨티나	브라질	
한국인의 소양이기 때문	81.8%	25.0%	50.0%	35.0%	49.2%
부모의 권유	9.1%	25.0%	23.1%	30.0%	23.0%
직업상 필요해서			3.8%	10.0%	4.9%
한글학교에서의 의무적 실시때문				15.0%	4.9%
그냥 받아보고 싶어서	9.1%		19.2%	5.0%	11.5%
기타		50.0%	3.8%	5.0%	6.6%

에도 다양한 이유들이 나타나고 있다. 특히, 이들 두 국가에서는 한인들이 상대적으로 많은 관계로 직업상 한국 관련 교육을 받은 적이 있다고 대답한 사람들도 있었다. 브라질의 경우에는 다른 3개국과 달리 조사 대상자의 15%가 한글학교에서 의무적으로 실시하기 때문에 한국 관련 교육을 받은 적이 있다고 답변했다.

거주국에서 한국 관련 교육을 받은 이유를 연령별로 살펴보면, 1세의 경우 100%가 부모의 권유를 꼽았고, 2세는 한국인으로 갖춰야할 소양(80%), 부모의 권유(20%) 두 가지를 그 이유로 답했다. 그러나 1.5세의 경우에는 이외에도 다양한 이유로 인해 한국 관련 교육을 받은 적이 있다고 답했다.

〈표 58〉 연령별 거주국에서 한국 관련 교육 경험 이유

	이 민 세 대				전체
	1세	1.5세	2세	3세	
한국인의 소양이기 때문		53.1%	80.0%		50.0%
부모의 권유	100.0%	16.3%	20.0%		21.7%
직업상 필요해서		6.1%			5.0%
한글학교에서의 의무적 실시때문		6.1%			5.0%
그냥 받아보고 싶어서		14.3%			11.7%
기타		4.1%		100.0%	6.7%

한편 파라과이, 멕시코, 아르헨티나, 브라질에 거주하는 한인 전문가 그룹이 자신들이 거주하는 국가에서 한국 언어, 문화, 역사 등 한국과 관련된 교육을 받은 적이 없는 가장 큰 이유로 적절한 기회가 없었기 때문인 것으로 나타났다(59.7%). 이는 이 지역 한인들의 민족 정체성 확립과 이들의 인적 자원화를 위해서는 민족교육의 강화와

함께 기회의 확대가 시급하다는 것을 의미하는 것으로 판단된다. 그 밖의 다른 이유로 필요가 없어서(16.4%), 시간이 없어서(10.4%), 비용 때문에(3.0%), 관심이 없어서(3.0%) 등의 순으로 나타났다. 이를 국가별로 살펴보면 멕시코는 조사 대상자의 100%가 적절한 기회가 없기 때문이라고 응답했고, 파라과이의 경우에는 적절한 기회가 없어서(80%)와 필요가 없어서(20%)라는 두 가지 이유를 꼽았다. 그러나 아르헨티나와 브라질의 경우에는 위에서 나온 두 가지 이유 외에 다양한 이유가 제시되었다.

〈표 59〉 국가별 거주국에서 한국 관련 교육 비경험 이유

	국 가				전체
	파라과이	멕시코	아르헨티나	브라질	
시간이 없어서			13.9%	8.0%	10.4%
비용때문에			2.8%	4.0%	3.0%
관심이 없어서			5.6%		3.0%
필요가 없어서	20.0%		13.9%	20.0%	16.4%
적절한 기회가 없어서	80.0%	100.0%	55.6%	60.0%	59.7%
기타			8.3%	8.0%	7.5%

조사대상 4개국에 거주하는 한인 전문가 그룹이 자신들이 거주하는 곳에서 한국 관련 교육을 받지 못한 이유를 세대별로 살펴보면 3세의 경우에는 100%가 적절한 기회가 없어서라고 답한 반면 2세의 경우에는 시간이 없어서(33.3%), 비용 때문에(33.3%), 필요가 없어서(33.3%)라고 응답했다. 2세의 경우 특이한 사항은 다른 세대들과는 달리 적절한 기회가 없어서 한국 관련 교육을 받지 않았다는 응답이 나오지 않았다는 점이다. 1.5세의 경우에는 한국 관련 교육을 받지

않은 이유가 가장 다양하게 나타난다. 그리고 1세들은 적절한 기회가 없어서(61.5%)와 필요가 없어서(30.8%)라는 대답이 가장 많았다.

〈표 60〉 이민세대별 거주국에서 한국 관련 교육 비경험 이유

	이 민 세 대				전체
	1세	1.5세	2세	3세	
시간이 없어서	7.7%	10.4%	33.3%		10.8%
비용때문에		2.1%	33.3%		3.1%
관심이 없어서		4.2%			3.1%
필요가 없어서	30.8%	12.5%	33.3%		16.9%
적절한 기회가 없어서	61.5%	62.5%		100.0%	60.0%
기타		8.3%			6.2%

한국 관련 교육을 받지 않은 이유를 연령별로 살펴보면 각 연령층 공히 적절한 기회가 없다는 것을 가장 큰 이유로 지적했으나 그 다음으로 중요한 이유에서는 20대 이하와 나머지 연령층이 차이를 보인다. 20대 이하에서는 두 번째 중요한 이유로 시간이 없어서라고 답했으나 나머지 30대, 40대 50대 이상의 연령층에서는 필요가 없어서라고 답했다.

〈표 61〉 연령별 거주국에서의 한국 관련 교육 비경험 이유

	연 령				전체
	20대 이하	30대	40대	50대 이상	
시간이 없어서	27.3%	10.0%	9.5%		10.4%
비용때문에	9.1%	5.0%			3.0%
관심이 없어서		5.0%		6.7%	3.0%
필요가 없어서	9.1%	20.0%	19.0%	13.3%	16.4%
적절한 기회가 없어서	45.5%	40.0%	71.4%	80.0%	59.7%
기타	9.1%	20.0%			7.5%

2.3.2 한국 문화 향유 정도

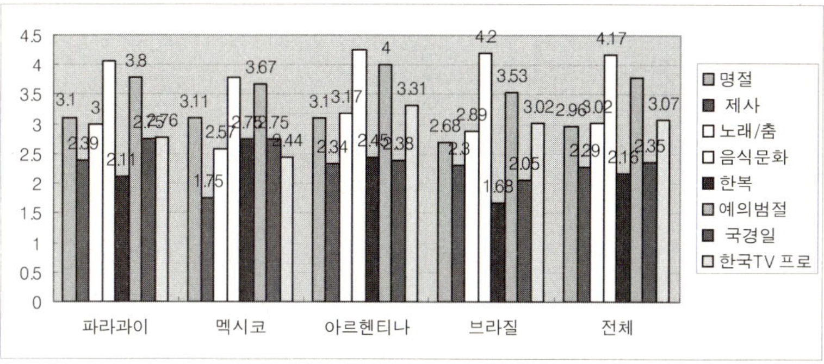

[그림 21] 한국 문화 향유 정도

한국의 전통과 문화를 즐기는 정도를 전체적으로 살펴보면 음식문화를 가장 잘 유지하고 있는 것으로 나타났고, 다음으로 예의범절, 한국TV프로, 노래/춤 등이 보통 이상으로 향유되고 있으며, 명절, 국경일, 제사, 한복 등은 잘 지켜지지 않는 것으로 조사되었다. 이를 국가별로 살펴보면 파라과이와 아르헨티나에서는 브라질이나 멕시코에 비해 대체적으로 한국의 전통과 문화가 잘 유지되고 있는 것으로

〈표 62〉 국가별 한국의 전통 및 문화 향유 정도

국가	명절	제사	노래/춤	음식문화	한복	예의범절	국경일	한국TV 프로
파라과이	3.10	2.39	3.00	4.05	2.11	3.80	2.75	2.76
멕시코	3.11	1.75	2.57	3.78	2.75	3.67	2.75	2.44
아르헨티나	3.10	2.34	3.17	4.25	2.45	4.00	2.38	3.31
브라질	2.68	2.30	2.89	4.20	1.68	3.53	2.05	3.02
전체	2.96	2.29	3.02	4.17	2.16	3.79	2.35	3.07

나타났다. 특히 한인들이 가장 많이 거주하는 브라질의 경우는 음식문화를 제외하고는 다른 세 나라에 비해 한국의 전통과 문화가 잘 향유되지 못하고 있는 것으로 조사되었다.

한국의 전통 및 문화를 즐기는 정도를 이민세대별로 살펴보면 1세대의 경우에는 대부분의 전통과 문화를 다른 세대에 비해 잘 지키는 것으로 나타났다. 명절은 1세, 1.5세, 3세가 잘 지키고 있고 2세가 잘 못 지키는 것으로 나타났다. 제사의 경우에는 2세나 3세에서는 거의 지켜지지 않고 있으며 한국 노래나 춤 그리고 음식문화는 1세, 1.5세, 2세가 거의 비슷한 양상을 보인다. 또한 한복, 국경일은 2세에서 가장 안 지켜지고 있는 것으로 나타났다. 예의범절의 경우에는 각 세대 전체가 공히 잘 지키는 것으로 조사되었다.

〈표 63〉 이민세대별 한국의 전통 및 문화 향유 정도

이민세대	명절	제사	노래/춤	음식문화	한복	예의범절	국경일	한국TV프로
1세	3.06	2.59	3.28	4.21	2.18	3.67	2.50	3.00
1.5세	3.03	2.34	3.00	4.17	2.22	3.76	2.39	3.17
2세	1.86	1.83	3.00	4.29	1.67	4.00	1.50	2.43
3세	3.00	1.00	2.25	3.50	2.50	4.00	3.00	2.00
전체	2.97	2.30	3.02	4.17	2.20	3.77	2.38	3.08

연령별 한국의 전통 및 문화 향유 정도를 보면 음식문화와 예의범절은 연령층에 관계없이 잘 지켜지고 있고 30대가 거의 모든 분야에서 한국의 전통과 문화를 가장 잘 향유하는 것으로 나타났다. 20대 이하에서는 제사, 국경일이 거의 지켜지지 않고 있고 50대 이상에서는 한복의 착용과 한국TV프로 시청이 상대적으로 낮게 조사되었다.

〈표 64〉 연령별 한국의 전통 및 문화 향유 정도

연령	명절	제사	노래/춤	음식문화	한복	예의범절	국경일	한국TV프로
20대 이하	2.58	1.96	2.92	4.20	2.25	3.96	1.92	2.92
30대	3.41	2.74	3.28	4.26	2.47	3.90	2.48	3.38
40대	2.72	2.16	2.76	4.03	2.03	3.74	2.50	2.95
50대 이상	2.76	2.00	3.10	4.17	1.50	3.41	2.15	2.82
전체	2.95	2.30	3.03	4.17	2.15	3.78	2.33	3.08

3. 거주국 사회진출과 통합

3.1 결혼문제

3.1.1 결혼 여부

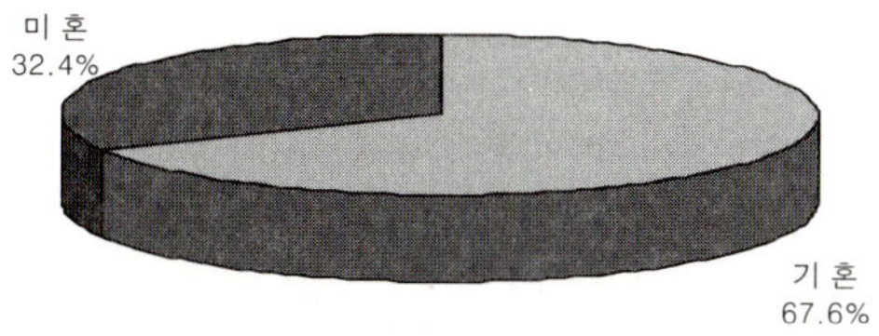

[그림 22] 결혼 여부

파라과이, 멕시코, 아르헨티나, 브라질 전체 전문가 집단의 결혼여부를 살펴보면, 기혼자는 평균 67.6% 정도였고, 파라과이의 경우, 기혼자의 비율이 40%정도로 상대적으로 낮았고, 브라질의 경우는 매우 89.4%에 달하고 있다. 이를 이민세대별로 보면 특이사항이 나타난다.

이는 이민2세와 이민3세의 차이인데, 이민2세대는 100%가 미혼으로 나타났고, 이민3세대는 그 반대로 나타났다. 일반적으로 1960-70년대 이후 이민 집단의 자녀들로서 이민2세대의 평균연령이 27.28세로 결혼적령기에 이른 집단이기 때문이다. 반대로 이민3세대는 모두 멕시코에 거주하고 있는데, 이들은 1910년대에 멕시코 유까딴 등지로 이루어진 이민의 자손들로서, 이미 그 연령이 40대-50대 이상으로 기혼자들이었다.

〈표 65〉 국가별 결혼 여부

	국 가				전체
	파라과이	멕시코	아르헨티나	브라질	
기혼	40.0%	77.8%	58.3%	89.4%	67.6%
미혼	60.0%	22.2%	41.7%	10.6%	32.4%

〈표 66〉 이민세대별 결혼여부

	이민세대				전체
	1세	1.5세	2세	3세	
기혼	95.0%	66.0%		100.0%	67.9%
미혼	5.0%	34.0%	100.0%		32.1%

3.1.2 배우자 국적

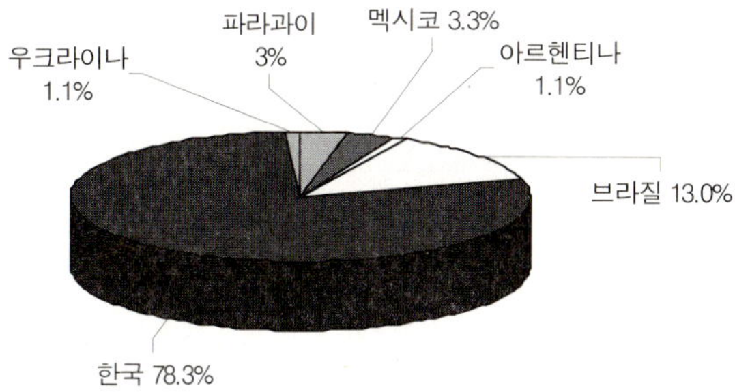

[그림 23] 배우자 국적

결혼과 직업군의 상관관계에서는, 조사대상이 전문가 집단인 만큼 그다지 특이사항이 나타나지는 않았다. 기혼자들의 배우자의 국적은 파라과이, 멕시코, 아르헨티나, 브라질 4개국의 사례를 통해 볼 때 평균 78.3%가 한국출신이며, 거주국은 21.7%정도였다. 특이한 사례로 우크라이나 출신의 배우자도 아르헨티나에서 보였다. 멕시코에서는 50%의 기혼자가 멕시코인 배우자를 두고 있었는데, 이들은 모두 이민3세대에 해당한다. 기혼 여성전문가 집단과 기혼 남성전문가 집단의 배우자국적이 거주국이거나 한국을 제외한 국가인 경우는 여성집단이 평균 2.86% 남성은 5%로 나타났다. 배우자의 선택은 개인의 선택일 수도 있지만, 이러한 선택에 개인이 포함되어있는 사회적 가치를 반영한다고 본다면, 재외동포사회에서도 국제결혼에 있어서 여성보다는 남성에게 조금은 더 개방적인 경향이 있음을 볼 수 있다.

〈표 67〉 성별 배우자 국적

	성 별		전체
	남	여	
파라과이	4.7%		3.3%
멕시코	3.1%	3.6%	3.3%
아르헨티나		3.6%	1.1%
브라질	15.6%	7.1%	13.0%
한국	75.0%	85.7%	78.3%
우크라이나	1.6%		1.1%

세대별 배우자 국적조사에서 2세대가 모두 미혼이었으므로 제외되어있다. 3세대는 이미 언급된 바와 같이 멕시코의 사례인데, 이 경우 한인공동체가 유지되지 않고, 오랜 기간 동안 분산되어 한인들은 현지사회로 완전히 동화되었다. 그러나 멕시코를 제외한 파라과이, 아르헨티나, 브라질의 경우는 한국인을 배우자로 맞이한 사례가 1세(63.2%)보다는 1.5세(85.1%)에서 더 높게 나타났다.

〈표 68〉 세대별 배우자 국적

	이 민 세 대			전체
	1세	1.5세	3세	
파라과이	5.3%	3.0%		3.4%
멕시코			100.0%	3.4%
아르헨티나		1.5%		1.1%
브라질	31.6%	9.0%		13.5%
한국	63.2%	85.1%		77.5%
우크라이나		1.5%		1.1%

한편 자녀의 배우자로서 현지인을 고려하는 가의 여부에 대해서는 고려한다(48.3%)라는 견해가 고려하지 않는다(27.6%)보다 월등히 높게 나타났다. 직업군별로는 법조계와 정계에 종사하는 전문가그룹이 각각 77.8%와 80%를 나타냄으로서 자녀들의 현지인과의 결혼에 상대적으로 개방적인 것으로 나타났다.

〈표 69〉 국가별 자녀 배우자 현지인 고려여부

	국가				전체
	파라과이	멕시코	아르헨티나	브라질	
고려함	22.2%	66.7%	37.1%	62.2%	48.3%
고려안함	22.2%	16.7%	40.0%	18.9%	27.6%
모르겠음	55.6%	16.7%	22.9%	18.9%	24.1%

〈표 70〉 이민세대별 자녀 배우자 현지인 고려여부

	이민세대			전체
	1세	1.5세	3세	
고려함	70.6%	39.1%	100.0%	47.6%
고려안함	11.8%	32.8%		27.4%
모르겠음	17.6%	28.1%		25.0%

〈표 71〉 직업별 자녀 배우자 현지인 고려여부

	직업						전체
	법조인	정계	의료인	학자	문화예술인	기타	
고려함	77.8%	80.0%	28.6%	53.3%	25.0%	53.8%	47.3%
고려안함			42.9%	13.3%	50.0%	30.8%	27.0%
모르겠음	22.2%	20.0%	28.6%	33.3%	25.0%	15.4%	25.7%

한편 결혼 당사자가 될 미혼인 전문가그룹 중 현지인과의 결혼을 고려한다는 응답자의 전체 비율은 14.3%에 그치고 있다. 그럼에도 불구하고 세대에 따라 현지인과의 결혼을 긍정적으로 생각하는 비율은 증가했다. 현지인과의 결혼을 고려한다는 1.5세대의 비율(11.1%)보다 2세대의 비율은 33.3%로 월등히 높게 나타났다. 또한 연령별 현지인과의 결혼의향에서도 현지인과의 결혼을 고려하는 경우가 30대(10%)보다 20대(20%)가 높게 나타나고 있다. 여전히 현지인과의 결혼의향이 없는 응답자의 비율이 세대별로 보면 47.6%, 연령별로 보면 48.8%로 결혼의향이 있는 응답자의 수보다 훨씬 많은 것으로 나타나고 있다. 멕시코의 이민 3세가 모두(100%) 현지인을 배우자로 맞이한 데에는 특수한 역사적 배경을 가지고 있다는 점을 감안하더라도 세대가 바뀔수록, 연령대가 낮아질수록 현지인과의 결혼을 긍정적으로 고려하는 비율은 꾸준히 증가할 것으로 보인다. 이는 향후 세대가 바뀔수록 결혼을 통한 현지사회로의 통합은 가속화 될 가능성이 높다는 것을 의미한다.

〈표 72〉 세대별 현지인과 결혼 의향

	이 민 세 대		전체
	1.5세	2세	
있음	11.1%	33.3%	14.3%
없음	47.2%	50.0%	47.6%
모르겠음	41.7%	16.7%	38.1%

〈표 73〉 연령별 현지인과 결혼 의향

	연 령			전체
	20대 이하	30대	40대	
있음	20.0%	10.0%		14.0%
없음	55.0%	50.0%		48.8%
모르겠음	25.0%	40.0%	100.0%	37.2%

3.1.3 결혼과 사회진출의 상관관계

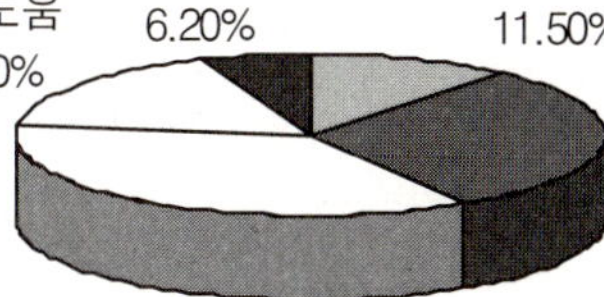

[그림 24] 현지인과의 결혼이 사회 진출 도움 여부

현지인과의 결혼이 현지사회진출에 미치는 영향에 관한 부분에서는 '현지인과의 결혼이 사회진출에 도움이 되는가?' 도움이 된다면 '어떠한 측면에서 도움이 되는가?' 를 조사하였다.

우선 현지인과의 결혼이 사회진출에 도움을 주는가에 대해서 '전혀 도움이 되지 않는다'고 응답한 경우는 전체의 11.5%, '별로 도움이 되지 않는다'고 응답한 경우는 전체의 30%정도였다. 이를 국가별로 보면, 파라과이는 33.4%, 멕시코는 37.5%, 아르헨티나는 40.7%, 브라질은 46.7%로 브라질의 전문가 집단이 현지인과의 결혼이 현지사회 진출에 별 도움을 주지 않는다는 인식이 상대적으로 높은 것으로 나타났다.

〈표 74〉 현지인과의 결혼이 사회진출에 도움이 되는가

	국가				전체
	파라과이	멕시코	아르헨티나	브라질	
전혀 도움 안됨	5.6%	12.5%	8.5%	17.8%	11.5%
별로 도움 안됨	27.8%	25.0%	32.2%	28.9%	30.0%
보통	55.6%	25.0%	37.3%	26.7%	35.4%
약간 도움	11.1%	25.0%	15.3%	20.0%	16.9%
매우 도움		12.5%	6.8%	6.7%	6.2%

〈표 75〉 직업별 현지인과의 결혼이 사회진출에 도움 여부

	직업						전체
	법조인	정계	의료인	학자	문화예술인	기타	
전혀 도움 안됨	18.8%		19.0%	13.3%		5.0%	13.1%
별로 도움 안됨	12.5%	33.3%	38.1%	20.0%	25.0%	40.0%	30.8%
보통	37.5%	16.7%	28.6%	53.3%	37.5%	40.0%	35.5%
약간 도움	31.3%	50.0%	11.9%	13.3%	25.0%	5.0%	16.8%
매우 도움			2.4%		12.5%	10.0%	3.7%

현지인과의 결혼이 사회진출에 도움이 된다고 응답한 직업군은 법조인(31.3%)과 정계(50%), 문화예술인(25%)에서 상대적으로 높게 나타났다. 이 직업군은 표에서도 볼 수 있듯이 자녀들의 배우자로서 현지인을 긍정적으로 고려하고 있는 군이었다. 의료인(14.3%), 학자

(13.3%), 기타군(15%)은 이러한 측면은 법조인, 정계, 문화예술인의 직업특성이 상대적으로 현지사회와 가장 상호교류가 많이 요구되는 직업군이기 때문에 현지사회와의 통합의 필요성을 비교적 중요하게 인식하고 있기 때문인 것으로 보인다.

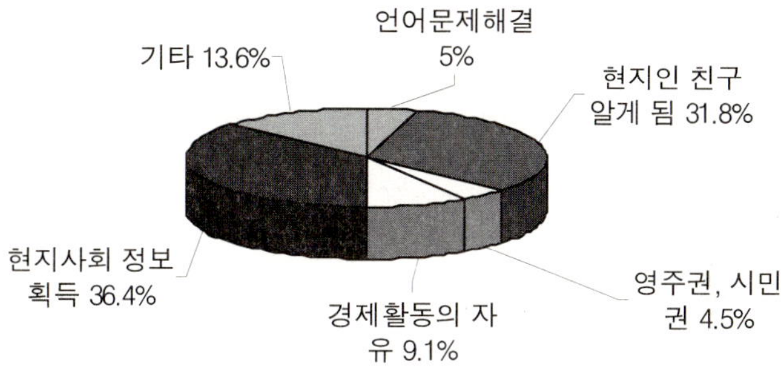

[그림 25] 현지인과의 결혼이 사회진출에 도움이 되는 이유

한편 현지인과의 결혼이 사회진출에 도움을 준다고 인식하는 경우 그 이유는 어디에 있다고 생각하는지에 대해서는 전체 평균으로 볼 때 현지사회와의 인적교류의 증대와 정보획득을 가장 중요한 이유로 들고 있었다. 세부적으로 보면 국가별로 약간의 차이를 나타내기도 한다. 현지인 친구를 알게 되어 인적네트워크 확대에 도움을 줄 것이라는 인식은 파라과이 50%, 멕시코 33.3%, 아르헨티나 33.3%, 브라질 23.5%로 모든 분석대상 국가에서 공통적으로 높게 나타났다. 그러나 파라과이와 멕시코의 경우 현지인과의 결혼을 통해 현지인 친구를 알게 되는 것 다음으로 도움이 되거나 그와 유사한 정도의 도움을 주는 부분을 경제활동의 자유로 인식하고 있다. 반면 아르헨티나와 브

라질에서는 현지인 친구를 알게 되는 것도 많은 도움이 되는 부분으로 인식하고 있으나 현지사회정보를 획득하는 데에 더 많은 도움이 될 것으로 보았다. 언어문제해결에 도움을 준다는 점에서는 의외로 낮게 나타났다.

〈표 76〉 국가별 현지인과의 결혼이 현지사회진출에 도움을 주는 이유

	국가				전체
	파라과이	멕시코	아르헨티나	브라질	
언어문제해결	16.7%			5.9%	4.5%
현지인 친구 알게 됨	50.0%	33.3%	33.3%	23.5%	31.8%
영주권, 시민권			5.6%	5.9%	4.5%
경제활동의 자유	33.3%	33.3%	5.6%		9.1%
현지사회 정보획득			50.0%	41.2%	36.4%
기타		33.3%	5.6%	23.5%	13.6%

현지인과의 결혼을 통한 현지사회진출의 용이성에 대해 학자들은 현지인 친구들을 알게 된다는 점에서 매우 도움이 될 것으로 보았다

〈표 77〉 직업별 현지인과의 결혼이 현지사회진출에 도움을 주는 이유

	직업						전체
	법조인	정계	의료인	학자	문화예술인	기타	
언어문제해결			10.0%				3.0%
현지인 친구 알게 됨	25.0%		30.0%	60.0%	33.3%	25.0%	30.3%
영주권, 시민권			10.0%				3.0%
경제활동의 자유	12.5%	33.3%	10.0%	20.0%			12.1%
현지사회 정보획득	25.0%	33.3%	30.0%	20.0%	66.7%	75.0%	36.4%
기타	37.5%	33.3%	10.0%				15.2%

(60%). 정계의 경우는 언어문제 해결, 현지인 친구를 알게 됨, 그리고 영주권, 시민권을 획득하는 데 도움을 준다는 측면보다는 경제활동의 자유(33.3%)와 현지사회정보획득(33.3%)을 위해 도움을 준다고 판단했다.

이민세대별로 상세히 살펴보면 1세, 1.5세, 2세 모두 현지인 친구를 알게 됨과 현지사회 정보획득에 도움이 된다고 보았다. 언어문제해결에 도움을 준다고 보는 경우는 1세가 8.3%, 1.5세가 3.6%, 그리고 2세에서는 나타나지 않았다. 이는 1세보다는 1.5세가, 1.5세보다는 2세가 언어문제에 어려움이 적거나 별로 느끼지 않는다는 것을 간접적으로 보여주는 부분이기도 하다.

〈표 78〉 이민세대별 현지인과의 결혼이 사회진출에 도움이 되는 이유

	이 민 세 대				전체
	1세	1.5세	2세	3세	
언어문제해결	8.3%	3.6%			4.7%
현지인 친구 알게 됨	33.3%	32.1%	50.0%		32.6%
영주권, 시민권		7.1%			4.7%
경제활동의 자유	16.7%	3.6%			7.0%
현지사회 정보획득	33.3%	39.3%	50.0%		37.2%
기타	8.3%	14.3%		100.0%	14.0%

3.2 한국인과 현지사회

3.2.1 한국인으로서의 사회활동

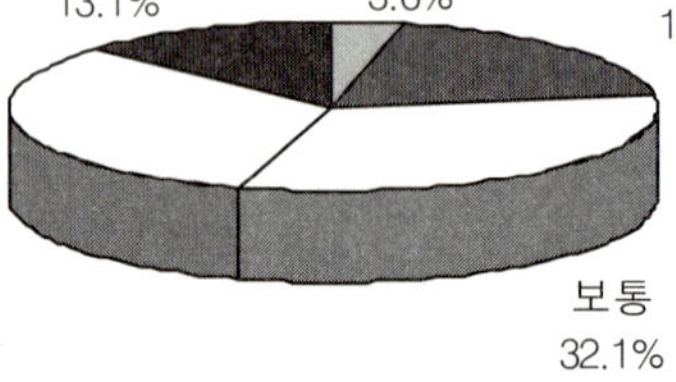

[그림 26] 한국인임이 사회활동에 도움이 되는 정도

한국인임이 사회활동에 도움이 된다는 측면의 견해를 갖는데 있어서는 다양한 요건들-가령, '한국'에 대한 개인적인 경험, 거주국에서의 '한국'과 '한국인'에 대한 이미지 등이 복합적으로 작용하게 된다. 따라서 한국인임이 현지 사회활동에 도움이 된다는 견해가 강할 때 현지사회에 적응, 동화하는 데 긍정적인 도움을 줄 수 있을 것이다. 이러한 측면에서 한국인임이 사회활동에 도움이 되는지의 여부에 관한 인식의 조사가 의미 있는 작업 중 하나라고 볼 수 있다.

한국인임이 사회활동에 도움이 되는지의 여부에 관해서는 전체적으로 볼 때 전혀 도움이 안되거나(3.6%), 별로 도움이 안된다(19.0%)가 총 22.6%로서, 약간 도움(32.1%)이 되거나 매우 도움이 된다(13.1%)가 전체의 45.2%의 절반정도 된다. 국가별로 상세히 들여다보면, 도움이 된다(약간 도움, 매우 도움)고 인식하는 경우가 아르헨티나에서 가장 높았고(59.1%), 멕시코(44.4%), 브라질(34.8%), 파라과이(28.6%)의 순으로 나타났다. 남성(37.2%)보다는 여성(58.8%)들이 압도적으로 한국인임이 사회활동에 도움이 된다고 인식했다.

〈표 79〉 국가별 한국인임이 사회활동에 도움 여부

	국가				전체
	파라과이	멕시코	아르헨티나	브라질	
전혀 도움안됨	4.8%		1.6%	6.5%	3.6%
별로 도움안됨	14.3%	33.3%	13.1%	26.1%	19.0%
보통	52.4%	22.2%	26.2%	32.6%	32.1%
약간 도움	23.8%	33.3%	44.3%	19.6%	32.1%
매우 도움	4.8%	11.1%	14.8%	15.2%	13.1%

〈표 80〉 성별 한국인임이 사회활동에 도움 여부

	성별		전체
	남	여	
전혀 도움안됨	3.5%	3.9%	3.6%
별로 도움안됨	20.9%	15.7%	19.0%
보통	38.4%	21.6%	32.1%
약간 도움	26.7%	41.2%	32.1%
매우 도움	10.5%	17.6%	13.1%

직업군별로 상세히 살펴보면 한국인임이 사회활동에 도움을 준다고 생각하는 정도는 법조계(50.1%), 정계(50.0%), 기타(47.6%), 학자(44.4%), 의료인(38.1%), 문화예술인(25.0%) 순이었다. 법조인, 정계, 의료인, 학자, 기타 군에서는 사회활동에 도움을 준다는 인식이 도움이 안된다는 인식정도를 상회했다. 반면 문화예술인은 62.5%정도로

많은 비율이 사회활동에 별로 도움이 안된다고 인식하고 있다.

〈표 81〉 직업별 한국인임이 사회활동에 도움 여부

	직업						전체
	법조인	정계	의료인	학자	문화예술인	기타	
전혀 도움안됨	6.3%		7.1%	5.6%			4.5%
약간 도움안됨	12.5%	33.3%	14.3%	16.7%	62.5%	14.3%	18.9%
보통	31.3%	16.7%	40.5%	33.3%	12.5%	38.1%	34.2%
약간 도움	18.8%	50.0%	26.2%	33.3%	25.0%	23.8%	27.0%
매우 도움	31.3%		11.9%	11.1%		23.8%	15.3%

한국인임이 사회활동에 도움이 되는 지의 여부에 대한 견해를 이민세대별로 분류해보면 '약간 도움'과 '매우 도움'을 합산했을 때, 이민1세(26.4%)보다 1.5세(43.7%)에서, 1.5세보다는 2세(100%)가 도움이 된다고 보았고, 오히려 3세(75%)에 있어서는 2세보다는 적은 비율이 도움이 되는 것으로 답했다. 특히 2세에서는 100%라는 높은 비율을 나타내는 것이 매우 특징적이다. 반면 '전혀 도움이 안됨'이나 '약간 도움이 안됨'에 답한 경우는 1세가 가장 높은 비율로서 31.6%에 달하고, 1.5세의 경우 21.3%, 그리고 2세는 0%로 나타났다. 이민 1세와 1.5세에서 상대적으로 높은 비율이 나타난 것은 현지사회 적응과정에서의 어려움이 반영된 것으로 보인다. 또한 2세의 경우 현지에서 출생하여 전문가 그룹으로 성장한 사례에 해당되고, 한국인에 대한 자긍심이 상당히 높다고 할 수 있다. 오히려 3세의 경우는 현지에서 출생하고 성장했음에도 불구하고 약간 도움이 안된다는 견해가 비교적 높은 비중(25%)으로 나타났다. 현 조사에서 3세는 이미 언급한 바와 같이 멕시코 유까딴 이민자들의 후손으로서 '한국계 멕시코'인에 해

당한다. 이들은 자신들의 성공요인으로 한국인의 기질적 특성-부지런함, 두뇌의 우수성-등을 언급하기도 했지만, 한국인의 후손이기 때문에 겪은 인종적 차별들로 인해 약간 도움이 안되는 측면이 있다는 견해를 피력하기도 했다.

〈표 82〉 이민세대별 한국인임이 사회활동에 도움 여부

	이 민 세 대				전체
	1세	1.5세	2세	3세	
전혀 도움안됨	5.3%	2.9%			3.0%
약간 도움안됨	26.3%	18.4%		25.0%	18.8%
보통	42.1%	35.0%			33.1%
약간 도움	21.1%	31.1%	71.4%	50.0%	32.3%
매우 도움	5.3%	12.6%	28.6%	25.0%	12.8%

한국인임이 사회활동에 도움여부를 연령별로 볼 때, 이민 세대별로 보았을 때와 조금 다른 모습을 보였다. 한국인임이 사회활동에 도움이 된다는 견해에 대한 평균치를 보면, 연령대가 낮아질수록 일관되게 긍정적인 견해가 조금씩 높아졌다. 이는 경제발전과 다양한 국제행사 유치 등을 통한 한국의 이미지가 상당히 개선되어왔음을 반증하는 것이라고도 할 수 있을 것이다.

〈표 83〉 연령대별 한국인임이 사회활동에 도움 여부 평균

연령	한국인임이 사회활동에 도움 여부
20대 이하	3.46
30대	3.41
40대	3.37
50대 이상	2.83
전체	3.31

3.2.2 한국인으로서의 사회활동 장애 요인

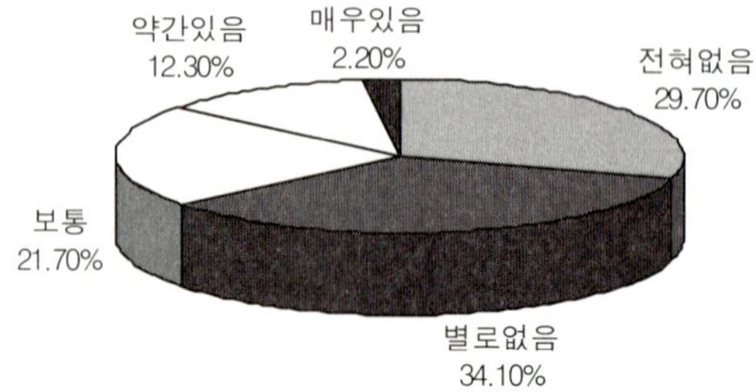

[그림 27] 한국인임이 직업활동 애로 여부

한국인임으로 인해 직업 활동에 애로가 있는지의 여부는 응답자들의 매우 구체적인 경험을 바탕으로 하고 있다. 국가별로 살펴보면, 멕시코는 거의 애로가 없는 것으로 나타나고 있으며, 아르헨티나가 18%, 브라질이 16.7%정도를 차지하는데, 이중 4.2%는 한국인이기 때문에 직업 활동에 애로가 매우 많다고 응답했으며, 파라과이도 이와 마찬가지로 응답한 비율이 5%정도였다.

〈표 84〉 국가별 한국인임이 직업 활동에 애로 여부

	국가				전체
	파라과이	멕시코	아르헨티나	브라질	
전혀 없음	10.0%	55.6%	21.3%	43.8%	29.7%
별로 없음	55.0%	22.2%	27.9%	35.4%	34.1%
보통	30.0%	22.2%	32.8%	4.2%	21.7%
약간 있음			18.0%	12.5%	12.3%
매우 있음	5.0%			4.2%	2.2%

직업군 별로 활동에 애로여부를 어떻게 느끼는지를 살펴보면, 법조인은 53%가 전혀 없거나 별로 없다고 응답했으며, 의료인(62.8%), 학자(66.7%), 문화예술인(62.5%), 기타(70%)는 60-70% 내외였다. 정계는 83.3%가 애로가 전혀 없거나 별로 없다고 응답한 반면, 오히려 한국인임으로 인해 직업 활동에 매우 애로가 있다고 응답한 경우도 16.7%에 달했다. 정계의 16.7%와 의료인의 2.3%가 직업 활동에 매우 애로가 있다고 응답한 것을 제외하면, 다른 직업군에서는 매우 애로가 있다는 응답자는 없었다. 이를 통해 볼 때 이민자들이 활동하기가 상대적으로 어려움이 많은 분야 중 하나가 정계라는 것을 알 수 있다.

〈표 85〉 직업별 한국인임이 직업 활동에 애로 여부

	직업						전체
	법조인	정계	의료인	학자	문화예술인	기타	
전혀 없음	41.2%	33.3%	18.6%	38.9%	12.5%	35.0%	28.6%
별로 없음	11.8%	50.0%	44.2%	27.8%	50.0%	35.0%	35.7%
보통	29.4%		25.6%	16.7%	25.0%	25.0%	23.2%
약간 있음	17.6%		9.3%	16.7%	12.5%	5.0%	10.7%
매우 있음		16.7%	2.3%				1.8%

애로가 전혀 없거나 별로 없다고 응답한 고졸학력자는 66.6%, 전문대졸학력자는 75%, 대졸 학력자는 57.8%, 대학원이상 학력자는 76%에 달했다. 또, 한 가지 의외의 결과를 보이는 부분은 한국인이기 때문에 나타나는 직업 활동에서의 애로에 대해서는 학력이 낮은 경우보다 높은 경우에 더 많이 느끼는 것으로 나타났다. 고졸과 전문대졸

에서는 애로가 약간 있거나 매우 있다고 답한 응답자는 없었던데 반하여 대졸에서는 6.7%가 약간 있다고, 대학원이상 학력자에서는 매우 애로가 있다는 응답자가 2.9%, 약간 애로가 있다는 응답자는 8.8%나 되었다. 이는 일반적으로 학력수준이 높을수록 직업 활동에 있어 애로가 적을 수 있다는 기대와는 반대되는 결과를 보여주었다.

〈표 86〉 학력별 한국인임이 직업 활동에 애로 여부

	학 력				전체
	고졸	전문대졸	대졸	대학원이상	
전혀 없음	33.3%	25.0%	20.0%	29.4%	24.4%
별로 없음	33.3%	50.0%	37.8%	41.2%	39.5%
보통	33.3%	25.0%	35.6%	17.6%	27.9%
약간 있음			6.7%	8.8%	7.0%
매우 있음				2.9%	1.2%

직업 활동에 있어서 한국인이기 때문에 애로를 경험한 응답자들은 멕시코를 제외한 파라과이, 아르헨티나, 브라질에 거주하는 이민자들이었다. 이들을 대상으로 파악한 애로의 이유들은 인종적인 이유가 전체의 47.1%로 가장 높게 나타났다. 인종적 이유로 인한 직업상의 애로를 경험하는 경우는 남성(40%)보다 여성(57%)에 있어서 월등히 높게 나타났다. 국가별로는 상당히 다른 모습을 나타냈다. 파라과이에서는 인종적, 문화적, 언어적 이유에서 애로를 경험하지는 않고 있으나, 국가적 이유에서는 100% 애로를 느낀다고 응답했다. 아르헨티나와 브라질에서는 50%가 인종적인 이유에서 공통적으로 직업 활

동상의 애로를 경험했으며, 아르헨티나에서는 기타 25%정도, 언어적 이유, 국가적 이유 순으로 나타났다. 브라질에서는 언어적 이유에서의 애로는 나타나지 않았다.

〈표 87〉 국가별 한국인임이 직업 활동에 애로 경험 이유

	국가			전체
	파라과이	아르헨티나	브라질	
인종적 이유		50.0%	50.0%	47.1%
문화적 이유		8.3%	25.0%	11.8%
언어적 이유		16.7%		11.8%
국가적 이유	100.0%		25.0%	11.8%
기타		25.0%		17.6%

직업군별로 살펴보면, 전문가 그룹임에도 불구하고 의료인을 제외한 대부분의 직업에서 인종적인 이유가 가장 큰 애로를 경험하는 이유로 나타났다. 의료인은 인종적, 문화적, 언어적, 국가적 이유에서 조금씩 다양하게 애로를 경험하는 것으로 보여주었다.

〈표 88〉 직업별 한국인임이 직업 활동에 애로 경험 이유

	직업					전체
	법조인	정계	의료인	학자	기타	
인종적 이유	100.0%	100.0%	28.6%	100.0%		45.5%
문화적 이유			14.3%			9.1%
언어적 이유			28.6%			18.2%
국가적 이유			14.3%			9.1%
기타			14.3%		100.0%	18.2%

학력별로 보면 대졸학력자와 대학원졸 학력자에서 한국인이기 때문에 직업상의 애로를 겪는다고 응답한 사례가 전체의 8.2%정도 차지하고 있다. 이들이 경험하는 대졸 학력은 인종적 이유와 언어적 이유, 그리고 기타이유가 각 33.3%씩 나타났고, 대학원이상 학력자들의 애로는 인종, 문화, 언어, 국가, 기타이유에 의해 골고루 애로를 경험하는 것으로 보인다.

〈표 89〉 학력별 한국인임이 직업활동에 애로 경험

	학력		전체
	대졸	대학원이상	
인종적 이유	33.3%	20.0%	25.0%
문화적 이유		20.0%	12.5%
언어적 이유	33.3%	20.0%	25.0%
국가적 이유		20.0%	12.5%
기타	33.3%	20.0%	25.0%

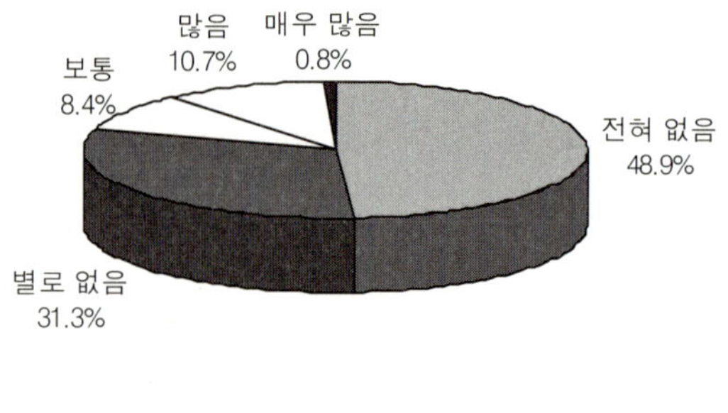

[그림 28] 직업상 애로사항 관련기관 도움요청 경험 여부

이러한 직업상의 애로사항을 해결하기 위해 관련기관에 적극적으

로 도움을 요청한 경험에 대해서는 '전혀 없음'이 전체의 48.9%에 이른다. 그러한 경험이 '매우 많음'나 '많음'에 답한 응답자는 11.5%정도에 불과했다. 국가별로 보면, 멕시코의 전문가 그룹이 비교적 도움을 요청한 경험이 많은 것으로 보인다. 그 다음으로 아르헨티나, 파라과이, 브라질의 순으로 나타났다.

〈표 90〉 국가별 직업상 애로사항 관련기관 도움 요청 경험 여부

	국가				전체
	파라과이	멕시코	아르헨티나	브라질	
전혀 없음	38.1%	62.5%	35.2%	66.7%	48.9%
별로 없음	47.6%		50.0%	8.3%	31.3%
보통	9.5%		9.3%	8.3%	8.4%
많음	4.8%	25.0%	5.6%	16.7%	10.7%
매우 많음		12.5%			0.8%

의료인 중 도움을 요청한 경험이 전혀 없거나 별로 없다고 답한 응답자의 비율은 88.1%, 기타군은 85%, 학자는 77.8%, 정계는 66.7%, 법조인은 62.5%, 그리고 문화예술인의 경우는 100%였다. 한인 이민자 중 최소한 전문가 그룹은 자신의 직업상의 애로사항에 대해 관련기관에 도움을 요청하는 데는 매우 소극적으로 대처하는 것으로 나타났다.

이러한 경향은 세대가 바뀌면서 더욱 더 강하게 나타나는 것 같다. 1세와 1.5세에 있어서는 커다란 차이를 보이지 않지만, 2세와 3세로 갈수록 직업상의 애로사항에 대하여 관련기관에 도움을 요청하지 않고 있다. 이민 2세는 그러한 경험이 '전혀 없음'이 80%, '별로 없음'이

20%로 나타났다. 이민 3세는 전원 '전혀 없음'에 답했다.

〈표 91〉 직업별 직업상 애로사항 관련기관 도움 요청 경험 여부

	직 업						전체
	법조인	정계	의료인	학자	문화예술인	기타	
전혀 없음	56.3%	66.7%	47.6%	50.0%	50.0%	40.0%	49.1%
별로 없음	6.3%		40.5%	27.8%	50.0%	45.0%	32.7%
보통	12.5%	16.7%	2.4%	11.1%		10.0%	7.3%
많음	25.0%	16.7%	7.1%	11.1%		5.0%	10.0%
매우 많음			2.4%				0.9%

〈표 92〉 이민세대별 직업상 애로사항 관련기관 도움 요청 경험 여부

	이 민 세 대				전체
	1세	1.5세	2세	3세	
전혀 없음	63.2%	41.4%	80.0%	100.0%	47.6%
별로 없음	21.1%	36.4%	20.0%		32.5%
보통	5.3%	10.1%			8.7%
많음	5.3%	12.1%			10.3%
매우 많음	5.3%				0.8%

직업상 애로사항에 대한 도움을 요청했을 경우 실질적인 도움을 받은 관련기관은 대사관(30%)으로 가장 많은 도움을 받는 기관이었다. 그 다음으로는 한인회와 거주국 국가관청(각 23.3%), 거주국 직무 관련단체(16.7%), 그리고 무역관(3.3%)의 순이었다. 국가별로 보면, 아르헨티나와 파라과이가 대사관과 한인회로부터 가장 많은 도움을

주고받는 것으로 조사되었다. 멕시코의 경우 거주국 국가관청으로부터 도움을 받은 비율이 66.7%로 가장 높게 나타났다. 멕시코의 한인 전문가 중 37.5%의 응답자가 멕시코에서 출생한 한인 3세로서 최근 수년전 까지만 하더라도 한인회나, 한국대사관과는 거의 무관한 삶을 살아왔음을 감안한다면, 오히려 파라과이와 브라질에서 상대적으로 거주국 국가관청으로부터 많은 도움을 받고 있음을 알 수 있다.

〈표 93〉 국가별 직업상 애로사항 도움받은 관련기관

	국 가				전체
	파라과이	멕시코	아르헨티나	브라질	
한인회	33.3%		38.5%	9.1%	23.3%
대사관	33.3%	33.3%	38.5%	18.2%	30.0%
무역관				9.1%	3.3%
거주국 직무관련단체			7.7%	36.4%	16.7%
거주국 국가관청	33.3%	66.7%	7.7%	27.3%	23.3%
기타			7.7%		3.3%

또 이민 세대가 변화할수록 한국정부기관인 대사관으로부터 도움을 받는 경우는 줄어들고, 반면, 거주국 직무관련단체나 국가관청으로부터 도움을 받는 사례는 증가했다.

거주국 직무관련단체나 국가관청으로부터 도움을 받은 경우는 1세는 25%, 1.5세는 39.1%, 2세와 3세는 거주국 단체와 관청으로부터만 도움을 받은 것으로 나타났다. 이는 2세와 3세가 거주국가의 시민권을 갖게 되면서 법/제도적으로는 거주국 사회로 통합되었기 때문이라고 할 수 있다.

〈표 94〉 이민세대별 직업상 애로사항 도움받은 관련기관

	이민세대				전체
	1세	1.5세	2세	3세	
한인회		30.4%			24.1%
대사관	50.0%	26.1%			27.6%
무역관	25.0%				3.4%
거주국 직무관련단체		17.4%	100.0%		17.2%
거주국 국가관청	25.0%	21.7%		100.0%	24.1%
기타		4.3%			3.4%

법조인은 거주국 국가관청(40%)에서 가장 많은 도움을 받았고, 정계는 한인회(50%)와 거주국 국가관청(50%)에서, 의료인(37.5%)과 학자(40%)는 대사관에서, 그리고 기타 직업군에서도 대사관(66.7%)에서 많은 도움을 받은 경험이 있는 것으로 보인다.

〈표 95〉 직업별 직업상 애로사항 도움받은 관련기관

	직 업					전체
	법조인	정계	의료인	학자	기타	
한인회	20.0%	50.0%	25.0%		33.3%	21.7%
대사관	20.0%		37.5%	40.0%	66.7%	34.8%
거주국 직무관련단체	20.0%		12.5%	20.0%		13.0%
거주국 국가관청	40.0%	50.0%	25.0%	20.0%		26.1%
기타				20.0%		4.3%

3.3 사회통합과 국적문제

3.3.1 거주국 귀화정책

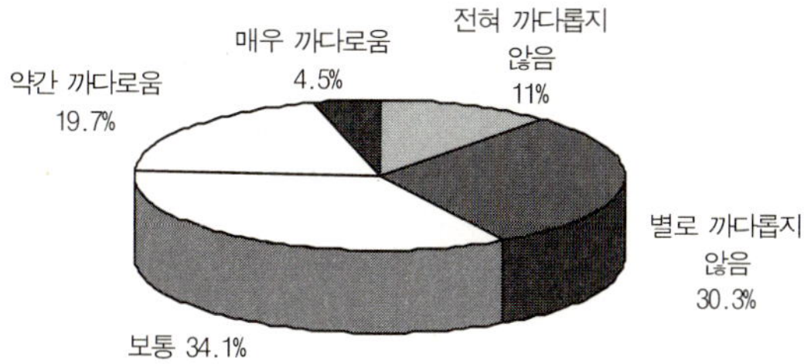

[그림 29] 거주국 귀화정책의 까다로운 정도

파라과이, 멕시코, 아르헨티나, 브라질 전문가 집단의 거주국 귀화정책에 대한 까다로움 정도는 보통이 34.4%로 가장 많고, 전혀 그리고 별로 까다롭지 않음은 42%로 그 정도가 약간 그리고 매우 심하다고 생각하는 23.6%보다 압도적으로 많았다. 이로서 4개국의 귀화정책에 대한 전문가 집단의 평가는 대체로 긍정적인 것으로 나타났다. 그러나 이를 국가별로 구분하여 살펴보면, 표에서 보듯 멕시코의 경우 까다로움의 정도가 약간 그리고 심하다는 평가가 55.5%를 차지하여 멕시코에서의 귀화 및 거주가 다른 국가에 비해 상대적으로 어려움을 알 수 있으며, 브라질의 경우에는 그 반대로 보통과 까다로움의 정도가 전혀 그리고 별로라는 응답이 78.7%로 브라질에 거주하는 전문가 집단의 거주국 귀화정책에 대한 만족도가 상대적으로 가장 높은 것으로 나타났다.

〈표 96〉 국가별 귀화정책의 까다로움 정도

	국 가				전체
	파라과이	멕시코	아르헨티나	브라질	
전혀 까다롭지 않음	15.8%		12.3%	10.6%	11.4%
별로 까다롭지 않음	10.5%	22.2%	28.1%	42.6%	30.3%
보통	36.8%	22.2%	42.1%	25.5%	34.1%
약간 까다로움	26.3%	44.4%	12.3%	21.3%	19.7%
매우 까다로움	10.5%	11.1%	5.3%		4.5%

3.3.2 국적포기 문제

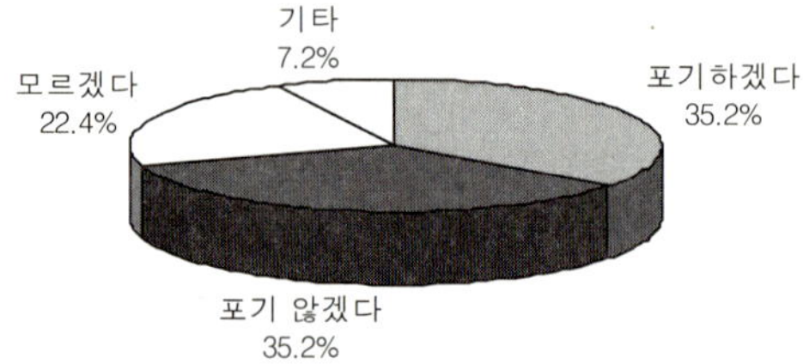

[그림 30] 취업. 입학. 승진과 관련된 한국 국적 포기 의도

국적포기의 문제는 적법한 절차에 의해 개인이 선택하는 것은 자유지만, 병역 등 다양한 문제와 관련하여 최근 수년간 국내외적으로 많은 논란이 되어온 사안이다. 이러한 상황에 대해 파라과이, 멕시코, 아르헨티나, 브라질의 전문가 그룹은 어떠한 인식을 가지고 있는지를 알아보았다.

전체적인 평균을 보면, 취업, 입학, 승진과 관련하여 한국국적을 포기해야 하는 상황이 주어진다면 한국 국적포기를 선택하겠다는 비율이 35.2%, 포기하지 않겠다는 비율도 35.2%로 동등한 결과를 보여주었다. '모르겠다'와 '기타' 견해도 29.6%나 나와 이 지역에서도 이에 대한 다양한 인식을 보여주었다. 이를 국가별로 살펴보면 브라질에서는 '포기하겠다'는 견해가 59.6%로 가장 높은 비율로 나타났고, '포기하지 않겠다'는 10.6%에 불과했다. 반면, 아르헨티나에서는 '포기하지 않겠다'가 54%, '포기하겠다'가 18%로 브라질과는 상반된 양상을 보였다.

〈표 97〉 국가별 취업, 입학, 승진과 관련된 한국국적 포기 의도

	국가				전체
	파라과이	멕시코	아르헨티나	브라질	
포기하겠다	35.0%		18.0%	59.6%	35.2%
포기 않겠다	40.0%	50.0%	54.0%	10.6%	35.2%
모르겠다	25.0%	50.0%	22.0%	17.0%	22.4%
기타			6.0%	12.8%	7.2%

직업별로는 정계가 83.3%에 이르는 매우 높은 비율이 '국적을 포기하겠다'고 응답했으며, 국적을 포기하지 않겠다는 응답자는 없었다. 상대적으로 국적유지에 대한 의지가 강한 직업군은 기타군, 의료인,

〈표 98〉 직업별 취업, 입학, 승진과 관련된 한국국적 포기 의도

	직 업						전체
	법조인	정계	의료인	학자	문화예술인	기타	
포기하겠다	43.8%	83.3%	42.1%	41.2%	25.0%	25.0%	40.0%
포기 않겠다	18.8%		39.5%	29.4%	25.0%	45.0%	32.4%
모르겠다	25.0%		13.2%	17.6%	50.0%	30.0%	21.0%
기타	12.5%	16.7%	5.3%	11.8%			6.7%

학자, 문화예술인, 법조인 순이었으며, 법조인과 의료인, 학자 중 '국적포기'의 의사가 있는 비율도 40%이상으로 나타났다.

이를 학력별로 보면, '국적유지'의지는 고졸이 66.7%, 전문대졸이 50.0%, 대졸이 39.0%, 대학원 이상 학력자가 38.2%로 학력수준이 높을수록 낮아졌다는 점이 특징적이다.

〈표 99〉 학력별 취업, 입학, 승진과 관련된 한국국적 포기 의도

	학력				전체
	고졸	전문대졸	대졸	대학원이상	
포기하겠다	33.3%	50.0%	24.4%	47.1%	35.4%
포기 않겠다	66.7%	50.0%	39.0%	38.2%	40.2%
모르겠다			31.7%	11.8%	20.7%
기타			4.9%	2.9%	3.7%

연령별로 '국적포기'의지는 40대와 50대의 경우 각각 36.1%과 43.5%로, 국적을 유지하겠다는 비율보다 높게 나타나고 있다. 그러나 20대와 30대의 경우는 이와 반대의 모습을 보여주고 있다. 20대에서는 국적을 유지하겠다는 응답자가 포기하겠다는 응답자보다 10%이상 높게 나타나고 있고, 30대에서도 마찬가지로 국적을 유지하겠다는 응답자가 더 많았다. 이는 젊은 연령층으로 갈수록 다양한 요인들

〈표 100〉 연령별 취업, 입학, 승진과 관련된 한국국적 포기 의도

	연령				전체
	20대 이하	30대	40대	50대 이상	
포기하겠다	33.3%	31.9%	36.1%	43.5%	35.5%
포기 않겠다	44.4%	36.2%	30.6%	34.8%	35.5%
모르겠다	16.7%	27.7%	22.2%	13.0%	21.8%
기타	5.6%	4.3%	11.1%	8.7%	7.3%

에 의해 한국에 대한 이미지를 긍정적으로 갖고 있기 때문으로 판단된다.

4. 재외동포정책과 전문가 그룹

4.1 한국정부의 재외동포정책

4.1.1 한국정부 재외동포 정책의 한인위상 제고 정도

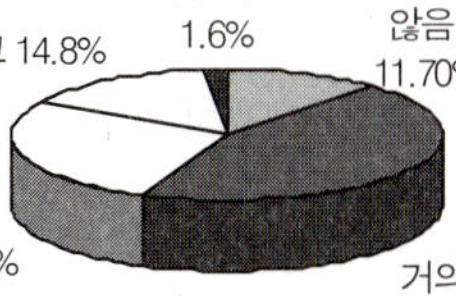

[그림 31] 한국정부 재외동포 정책의 한인위상 제고 정도

중남미 4개국 전문가 집단은 한국정부의 재외동포정책이 현지 한인의 정치, 경제, 사회적 위상을 제고 할 수 있도록 이루어지는가라는 질문에 대해 그림에서 보는 바와 같이 전혀, 거의 그리고 보통이라고 응답한 사람이 전체의 83.5%를 차지하여, 한국정부의 재외동포정책이 현지 한인들의 거주국 위상의 제고와는 거리가 먼 것으로 나타났다. 이는 성별, 직업별, 학력 그리고 이민세대별 구분에서도 비

슷한 비율을 보이고 있다.

〈표 101〉 국가별 한국정부 재외동포 정책의 한인위상 제고 정도

	국 가				전체
	파라과이	멕시코	아르헨티나	브라질	
전혀 제고하지 않음	10.0%	22.2%	7.3%	15.9%	11.7%
거의 제고하지 않음	40.0%	44.4%	41.8%	50.0%	44.5%
보통	35.0%	22.2%	32.7%	18.2%	27.3%
약간 제고	15.0%	11.1%	18.2%	11.4%	14.8%
매우 제고				4.5%	1.6%

또한 다음의 표에서 보듯이, 한국정부의 재외동포 요구사항 수용 정도에서도 그 비율은 동일하게 나타나 중남미 동포들은 한국정부가 자신들의 요구를 잘 수용하지 못하고 있다고 생각하는 것으로 나타났다. 따라서 정부는 중남미 동포들이 왜 재외동포정책이 한인들의 위상을 제고하는데 도움이 되지 못하고 또 그들의 요구를 수용하는데 한계가 있다고 생각하는지 그 원인을 파악하여 대처할 필요가 있다하겠다.

〈표 102〉 국가별 한국정부의 재외동포 요구사항 수용 정도

	국 가				전체
	파라과이	멕시코	아르헨티나	브라질	
전혀 수용 안함	15.0%	22.2%	5.7%	9.3%	9.6%
거의 수용 안함	40.0%	33.3%	41.5%	48.8%	43.2%
보통	35.0%	44.4%	41.5%	27.9%	36.0%
약간 수용	10.0%		11.3%	11.6%	10.4%
매우 잘 수용				2.3%	0.8%

4.1.2 한국정부 재외동포 정책의 한인 정체성 유지

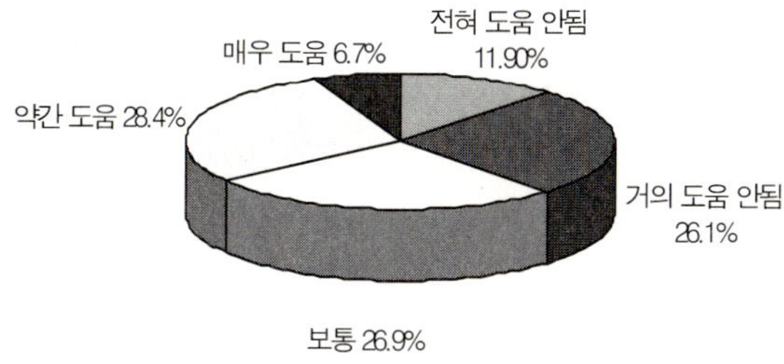

[그림 32] 한국정부 재외동포 정책으로 인한 정체성 유지 도움

한국정부 재외동포정책의 거주국 한인의 정체성 유지 도움의 정도에 대해서는 '보통'이 26.9%, '약간' 그리고 '매우 도움이 된다'는 비율이 28.4%인 반면, '거의' 그리고 '전혀 도움이 안된다'는 비율은 38%로 나타나고 있어 정부의 재외동포 정책이 어느 정도 실효성을 보이고 있는 것처럼 보이지만 여전히 그 비율이 낮은 것으로 나타나 거주국 한인들의 한국인으로서의 정체성 유지에 필요한 정책 수립이 필요한 것으로 조사되고 있다.

그러나 국가별로는, 파라과이의 경우, 전혀 그리고 거의 도움이 안된다는 비율이 35%인 반면, 멕시코의 경우에는 62%로 나타났으며, 한인의 숫자가 압도적으로 많은 브라질에서는 어느 정도 도움이 된다는 비율이 41.7%로 국가별로 편차가 있는 것으로 나타났다.

〈표 103〉 한국정부 재외동포 정책의 한인 정체성유지 도움 정도

	국 가				전체
	파라과이	멕시코	아르헨티나	브라질	
전혀 도움 안됨	10.0%	25.0%	8.6%	14.6%	11.9%
거의 도움 안됨	25.0%	37.5%	25.9%	25.0%	26.1%
보통	40.0%	25.0%	29.3%	18.8%	26.9%
약간 도움	25.0%	12.5%	34.5%	25.0%	28.4%
매우 도움			1.7%	16.7%	6.7%

4.1.3 재외공관 담당자들의 동포들에 대한 서비스 정신 정도

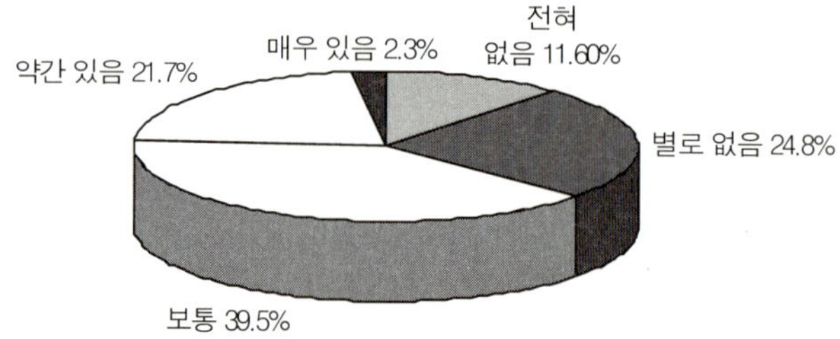

[그림 33] 재외공관 담당자들의 동포들에 대한 서비스 정신 정도

재외공관 담당자들의 동포들에 대한 서비스 정신 정도를 묻는 질문에 대해 중남미 4개국 전문가 집단은 약간 그리고 매우 있다라는 응답에 전체 중 24%만을 차지하여, 거주국 한인들은 재외공관 담당자들에 대한 서비스 정신이 투철하지 못한 것으로 생각하고 있었다. 이

는 직업별, 성별 그리고 학력별 구분에서도 동일한 비율로 나타나고 있어 재외공관이 현지 거주 한인들에 대한 봉사정신이 부족하고 그 업무 처리 등에 만족하지 못하는 것으로 볼 수 있다.

〈표 104〉 국가별 재외공관 담당자들의 동포들에 대한 서비스 정신 정도

	국가				전체
	파라과이	멕시코	아르헨티나	브라질	
전혀 없음	5.3%	22.2%	7.1%	17.8%	11.6%
별로 없음	21.1%	11.1%	32.1%	20.0%	24.8%
보통	57.9%	22.2%	46.4%	26.7%	39.5%
약간 있음	15.8%	33.3%	14.3%	31.1%	21.7%
매우 있음		11.1%		4.4%	2.3%

〈표 105〉 직업별 재외공관 담당자들의 동포들에 대한 서비스 정신 소유 정도

	직업						전체
	법조인	정계	의료인	학자	문화예술인	기타	
전혀 없음	5.6%	33.3%	14.6%	16.7%	12.5%	4.8%	12.3%
별로 없음	61.1%		14.6%	8.3%	12.5%	28.6%	23.6%
보통	27.8%	16.7%	46.3%	25.0%	50.0%	47.6%	39.6%
약간 있음	5.6%	50.0%	24.4%	33.3%	25.0%	19.0%	22.6%
매우 있음				16.7%			1.9%

4.1.4 한국의 재외동포법 존재 인지도

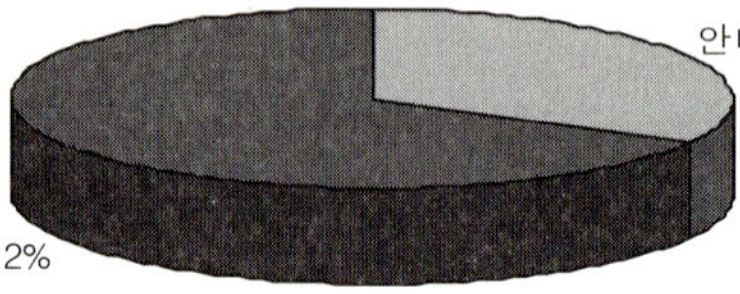

[그림 34] 재외동포법 존재 인지도

중남미 4개국 한인 전문가 그룹은 한국에 재외동포법이 존재하고 있는 사실에 대한 인지도 조사에서 전체의 66.9%가 알지 못하고 있다고 답하여 재외국 한인들에 대한 재외동포법 홍보의 필요성이 시급함을 알 수 있었다. 이는 정부의 적극적인 홍보 부족이나 거주국 한인들의 무관심에서 야기하는 것으로 판단된다. 또한 국가별로는 파라과이 거주 한인들은 재외동포법 존재에 대해 절반이상이 안다고 대답한 반면, 멕시코와 아르헨티나 한인들은 각각 85.7%와 78.3%가 알고 있지 못하다고 답하여 거주국 재외공관들의 재외동포법 홍보와 교육이 적절하게 이루어지지 못하고 있음을 알 수 있었다.

〈표 106〉 재외동포법 존재 인지도

	국 가				전체
	파라과이	멕시코	아르헨티나	브라질	
안다	55.0%	14.3%	21.7%	40.4%	32.8%
모른다	45.0%	85.7%	78.3%	59.6%	67.2%

4.1.5 한국정부의 재외동포 지원 정책의 중요성

한국정부의 재외동포 지원 정책 내용 중 이중 국적 허용과 재외국민 참정권 문제, 고급 인력의 한국 유치, 체제기한 제한 철폐, 군 복무 의무 철폐 그리고 동포 교육과 동포단체 지원의 6개항의 중요성을 묻는 질문에 대해서는 연령별, 직업별로 그리고 국가별 등으로 고른 비율의 응답을 보였다. 이 중, 이중 국적 허용에 대해서는 약간 그리고 매우 중요하다는 응답이 82.3%를 차지하여 중남미 4개국 거주 한인들의 이중 국적 허용 문제가 매우 첨예함을 알 수 있었다. 특히 한인의 숫자가 가장 많은 브라질의 경우 그 중요함의 정도는 무려 91.5%를 차지한 것으로 나타났으며, 아르헨티나의 경우 별로 중요하지 않은 비율이 17.5%로 나타나 대조를 이루고 있다.

〈표 107〉 재외동포정책 중요도 - 이중국적 허용

	국가				전체
	파라과이	멕시코	아르헨티나	브라질	
전혀 중요 안함			7.0%		3.1%
별로 중요 안함	5.0%		10.5%		5.4%
보통	20.0%	16.7%	5.3%	8.5%	9.2%
약간 중요	35.0%	33.3%	22.8%	12.8%	21.5%
매우 중요	40.0%	50.0%	54.4%	78.7%	60.8%

재외국민의 참정권 문제에 대해서는 중요하다고 응답한 비율이 전체의 절반을 넘어 64% 이상을 차지하여 앞으로 한국 정부의 재외동포 정책이 이러한 방향으로 진행되어야 함을 예견할 수 있었으며, 특히

이민 세대가 1,5 혹은 2 그리고 3세대로 넘어가면서 이의 비율이 조금씩 높아짐을 알 수 있었다. 또한 국가별로도 멕시코의 경우 중요함의 정도가 33% 내외에 불과한 반면, 나머지 3개국의 한인들은 중요함의 비율이 70%이상을 차지 묘한 대조를 보이고 있다.

〈표 108〉 재외동포정책 중요도 - 재외국민 참정권

	국가				전체
	파라과이	멕시코	아르헨티나	브라질	
전혀 중요 안함		16.7%	5.5%		3.2%
별로 중요 안함	5.6%		7.3%	17.4%	10.4%
보통	22.2%	50.0%	18.2%	21.7%	21.6%
약간 중요	38.9%	33.3%	38.2%	34.8%	36.8%
매우 중요	33.3%		30.9%	26.1%	28.0%

고급인력의 한국 유치에 대해서는 중요하다고 응답한 비율이 85%이상을 차지하여 조사대상인 전문가 그룹 모두가 현지에서의 경험을 살려 한국 사회의 다방면에 적극적으로 기여하고 싶은 의향을 파악할 수 있었으며 한국 정부의 정책 수립 및 실시에 대해 무언의 기대를 요구하고 있음을 알 수 있었다.

〈표 109〉 재외동포정책 중요도 - 고급인력 한국유치

	국가				전체
	파라과이	멕시코	아르헨티나	브라질	
전혀 중요 안함			1.8%	2.2%	1.6%
별로 중요 안함	5.3%		1.8%		1.6%
보통	10.5%	33.3%	12.5%	13.3%	13.5%
약간 중요	52.6%	50.0%	33.9%	31.1%	36.5%
매우 중요	31.6%	16.7%	50.0%	53.3%	46.8%

또한 체제기한의 재한 철폐에 대해서도 중요하다고 응답한 비율이 전 연령대에서 75%에서 85%까지 차지하여 거주국 한인 동포들의 이 문제에 대한 관심을 알 수 있었다.

〈표 110〉 국가별 재외동포정책 중요도 - 체제기한 제한 철폐

	국 가				전체
	파라과이	멕시코	아르헨티나	브라질	
별로 중요 안함	11.1%		5.5%	2.2%	4.8%
보통	16.7%	33.3%	14.5%	13.3%	15.3%
약간 중요	44.4%	66.7%	45.5%	37.8%	43.5%
매우 중요	27.8%		34.5%	46.7%	36.3%

또한 군복무 의무 철폐에서도 비슷한 응답율의 지지를 보이고 있는 것으로 나타났다. 그러나 멕시코의 경우 아주 중요하다는 응답은 없는 반면 약간 중요하다는 응답이 66.7%를 차지하는 것으로 나타났다.

〈표 111〉 연령별 재외동포정책 중요도 - 군복무 의무 철폐

	연 령				전체
	20대 이하	30대	40대	50대 이상	
전혀 중요 안함		4.0%	5.7%		3.2%
별로 중요 안함	9.5%	14.0%	5.7%	5.0%	9.5%
보통	19.0%	22.0%	8.6%	15.0%	16.7%
약간 중요	38.1%	26.0%	37.1%	35.0%	32.5%
매우 중요	33.3%	34.0%	42.9%	45.0%	38.1%

한편, 재외동포에 대한 교육 및 동포 단체에 대한 지원과 관련하여 현지 거주 한인 전문가 그룹은 중요하다는 응답에 85% 이상이 지지를 보내고 있는 것으로 나타나 한국 정부의 보다 적극적인 재외동포 정책과 지원의 절실함을 알 수 있었다.

〈표 112〉 국가별 재외동포정책 중요도 - 동포교육, 동포단체 지원

	국 가				전체
	파라과이	멕시코	아르헨티나	브라질	
전혀 중요 안함			5.4%		2.4%
별로 중요 안함			1.8%		.8%
보통	10.5%	16.7%	12.5%	6.5%	10.2%
약간 중요	57.9%	16.7%	25.0%	28.3%	30.7%
매우 중요	31.6%	66.7%	55.4%	65.2%	55.9%

4.2 재외동포재단 추진 사업에 대한 중요도 및 만족도

현재 재외동포재단이 추진하고 있는 재외동포지원사업의 중요도와 만족도를 묻는 질문에 대한 응답에서 파라과이, 멕시코, 아르헨티나, 브라질 전문가 집단은 각각의 부문에서 평균적인 비율의 응답을 보이고 있다.

이 중, 한민족 문화제전 등의 문화사업에 대해서는 비교적 청・장년층은 중요도에 비해 만족도가 떨어지는 것으로 나타났으며 반면에 노년층은 중요도에 비해 만족도가 큰 사업으로 지적하고 있다.

〈표 113〉 문화사업 중요도/문화사업 만족도(연령 평균) (만점: 5.0점)

연령	문화사업 중요도	문화사업 만족도
20대 이하	3.22	3.11
30대	3.18	3.07
40대	2.65	2.56
50대 이상	2.72	3.21
전체	2.95	2.97

반면, 교육사업의 중요도와 만족도 비교조사에서는 청, 장년층에서 중요도에 비해 만족도가 높은 것으로 나타났으며, 반대로 4·50대 이상의 연령층에서는 중요도에 비해 만족도가 떨어지는 것으로 나타나 이들 연령대의 한인들은 교육 사업에 대한 중요성을 훨씬 강조하고 있다.

〈표 114〉 교육사업 중요도/교육사업 만족도(연령 평균) (만점: 5.0점)

연령	교육사업 중요도	문화사업 만족도
20대 이하	2.86	3.00
30대	3.29	3.30
40대	2.82	2.53
50대 이상	3.28	2.93
전체	3.08	3.00

그리고 교류사업과 정보화 추진 사업, 홍보사업, 경제교류사업 그리고 조사연구 사업의 경우에서는 중요도에 비해 만족도가 약간씩 큰 것으로 나타나 재외동포재단이 추진하고 있는 이들 사업이 착실히 뿌리를 내리고 있음을 알 수 있었다.

〈표 115〉 교류사업 중요도/교류사업 만족도(국가 평균) (만점: 5.0점)

국가	교류사업 중요도	교류사업 만족도
파라과이	3.22	3.14
멕시코	2.80	2.75
아르헨티나	2.45	2.86
브라질	2.37	2.96
전체	2.57	2.95

〈표 116〉 정보화사업 중요도/정보화사업 만족도(국가 평균) (만점:5.0점)

국가	정보화사업 중요도	정보화사업 만족도
파라과이	3.22	3.14
멕시코	2.00	2.50
아르헨티나	2.55	2.86
브라질	2.21	2.48
전체	2.51	2.76

〈표 117〉 홍보사업 중요도/홍보사업 만족도(국가 평균) (만점: 5.0점)

국가	홍보사업 중요도	홍보사업 만족도
파라과이	3.22	2.93
멕시코	2.80	3.00
아르헨티나	2.38	2.73
브라질	2.30	2.67
전체	2.52	2.77

〈표 118〉 경제사업 중요도/경제사업 만족도(국가 평균) (만점: 5.0점)

국가	경제사업 중요도	경제사업 만족도
파라과이	3.11	3.00
멕시코	2.60	2.75
아르헨티나	2.56	2.96
브라질	2.30	2.83
전체	2.56	2.91

〈표 119〉 조사연구 중요도/조사연구 만족도(국가 평균) (만점: 5.0점)

국가	조사연구 중요도	조사연구 만족도
파라과이	3.17	3.21
멕시코	2.20	2.75
아르헨티나	2.55	2.73
브라질	2.23	2.71
전체	2.51	2.83

4.3 지원정책에 대한 요구 및 건의 사항

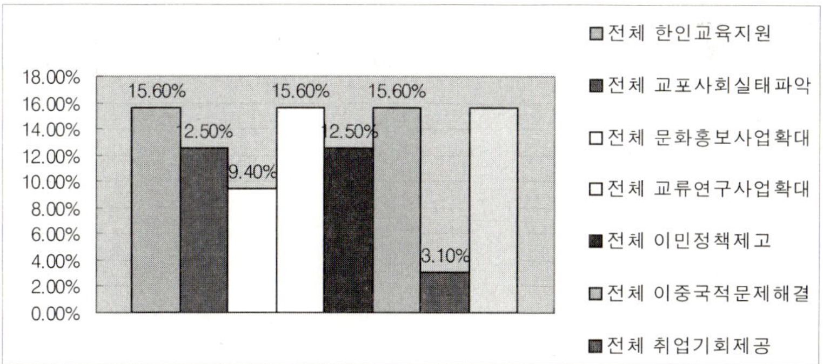

[그림 35] 동포/지원정책에 대한 요구/건의사항

중남미 4개국 전문가 집단이 한국 정부에 추천하고 싶은 동포정책 또는 지원정책과 관련한 요구, 건의 사항은 연령별, 직업별 등 모든 부문별로 현재 이슈화가 되고 있거나 또는 추진되고 있는 동포정책 중요도와 비슷한 비율의 응답을 보이고 있는데 특히 한인 교육지원과 교류연구사업 그리고 이중국적 문제 해결 등이 다른 부문에 비해 높은 비율로 나타나고 있다. 그러나 국가별로는 멕시코 거주 한인들은 이들 문제에 전혀 관심을 갖고 있지 않은 반면 브라질 거주 한인들은 교포사업 실태파악에 중요성을 두고 있어 브라질 이민이 비교적 체계적으로 실시되었지만 현재에 이르러서는 이들의 정확한 실태파악이 급선무임을 알 수 있다.

〈표 120〉 국가별 동포정책/지원정책에 대한 요구, 건의사항

	국가				전체
	파라과이	멕시코	아르헨티나	브라질	
한인교육지원	33.3%		25.0%	11.8%	15.6%
교포사회실태파악				23.5%	12.5%
문화홍보사업확대			25.0%	5.9%	9.4%
교류연구사업확대	66.7%		25.0%	5.9%	15.6%
이민정책제고			25.0%	11.8%	12.5%
이중국적문제해결				29.4%	15.6%
취업기회제공				5.9%	3.1%
기타		100.0%		5.9%	15.6%

4.4 전문가 그룹 활용과 네트워크화

4.4.1 한국 정부의 전문인력제도와 피초청 의도

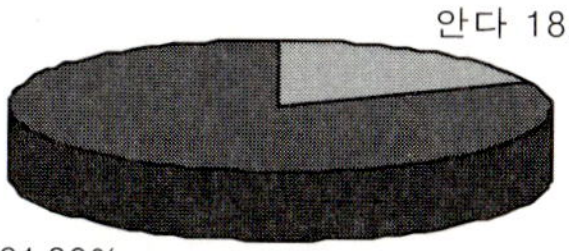

[그림 36] 전문인력제도 시행 인지도

한국정부의 재외동포 전문인력제도 시행과 관련하여 중남미 4개국 전문가 그룹은 전체의 81.8%가 알지 못하고 있다고 응답하여, 정부의 이러한 제도 실시와 관련한 홍보가 극히 부족함을 알 수 있다. 특히 멕시코와 아르헨티나 그리고 브라질 거주 한인들은 적게는 71.4%에서 많게는 91.7%에 이른 숫자가 모른다고 응답하여 어떤 방법으로든 자신들의 능력을 모국인 한국을 위해 기여할 수 있는 기회를 모르고 있는 반면, 파라과이 거주 한인들은 이 제도의 실시를 절반이상이 알고 있다고 응답하여 현지 재외공관이 나름대로 교민들에 대한 홍보에 적극적임을 알 수 있었다.

〈표 121〉 국가별 전문인력제도 시행 인지도

	국 가				전체
	파라과이	멕시코	아르헨티나	브라질	
안다	55.6%	28.6%	13.6%	8.3%	18.2%
모른다	44.4%	71.4%	86.4%	91.7%	81.8%

한편 전문인력제도를 통한 피초청시 응할 의도에 대한 질문에서 중남미 4개국 거주 한인들은 적극적인 참여의사를 밝히고 있어 이들에게 한국사회 기여의 기회가 주어지기만 한다면 다방면에 걸친 참여가 이루어질 수 있음을 시사하고 있다. 특히 브라질 거주 한인(85% 이상)들은 다른 나라에 비해 훨씬 큰 참여 의지를 보이고 있는데 이는 브라질 거주 한인 사회가 이민세대가 늘어나면서 과거 보다 훨씬 다양한 전문가 그룹의 형성이 이루어졌음을 알 수 있는 것으로 나타났다.

〈표 122〉 국가별 전문인력제도 피초청시 응할 의도

	국 가				전체
	파라과이	멕시코	아르헨티나	브라질	
있다	70.6%	71.4%	80.4%	85.1%	80.3%
없다	29.4%	28.6%	19.6%	14.9%	19.7%

한편 전문인력제도를 통한 피초청시 응할 이유에 대해서는, 한국인이라는 이유가 23.4%로 가장 많이 나타났으며 그 뒤를 이어 경험의 확대(21.9%), 한국발전에 기여(18.8%)의 순으로 나타나, 중남미 4개국

거주 한인들은 그들이 거주하고 있는 국가와는 상관없이 모국인 한국의 뿌리라는 것을 잊지 않고 언제나 모국의 발전에 적극적으로 기여할 수 있음을 나타내 보이고 있다.

〈표 123〉 국가별 전문인력제도 피초청시 응할 이유

	국 가				전체
	파라과이	멕시코	아르헨티나	브라질	
개인능력향상	14.3%		10.3%	15.4%	12.5%
경험의 확대	28.6%	50.0%	20.7%	19.2%	21.9%
현직업분야와의 일치성	14.3%		3.4%	3.8%	4.7%
한국발전에 기여	14.3%		24.1%	15.4%	18.8%
한국인이라서	14.3%		20.7%	30.8%	23.4%
양국의 교류확대			3.4%	7.7%	4.7%
개인의 경제적 도움을 위해			3.4%	3.8%	3.1%
현지사회공헌			3.4%	3.8%	3.1%
개인적인 관심			6.9%		3.1%
기타	14.3%	50.0%	3.4%		4.7%

반면에 응하지 못할 이유에 대해서는, 개인 여건상이 47.1%로 가장 많았으며, 그 뒤를 이어 무관심과 능력부족이 각각 11.8%로 나타나 개인적인 여건만 충족된다면 모국의 발전에 기여할 수 있지만 실제로는 그러지 못함을 알 수 있었다. 특히 연령별로 50대 이상의 경우 다른 이유보다도 한국에 대한 반감이 25%나 차지한 것으로 보아 이들 이민 1세대들의 이민 이유를 미루어 짐작할 수 있으며 또한 현재의 한국적 상황에 여전히 불신을 하고 있는 것으로 파악되고 있다.

〈표 124〉 국가별 전문인력제도 피초청시 불응할 이유

	국가			전체
	파라과이	아르헨티나	브라질	
개인여건상		62.5%	50.0%	47.1%
무관심		25.0%		11.8%
직업상			16.7%	5.9%
능력부족	33.3%		16.7%	11.8%
한국에 대한 반감			16.7%	5.9%
비전 없음	33.3%			5.9%
현지적응	33.3%			5.9%
기타		12.5%		5.9%

〈표 125〉 연령별 전문인력제도 피초청시 불응할 이유

	연령			전체
	30대	40대	50대 이상	
개인여건상	50.0%	44.4%	50.0%	47.1%
무관심		11.1%	25.0%	11.8%
직업상		11.1%		5.9%
능력부족		22.2%		11.8%
한국에 대한 반감			25.0%	5.9%
비전 없음	25.0%			5.9%
현지적응	25.0%			5.9%
기타		11.1%		5.9%

4.4.2 한국정부의 재외동포 인재 발굴, 육성, 지원 적극도

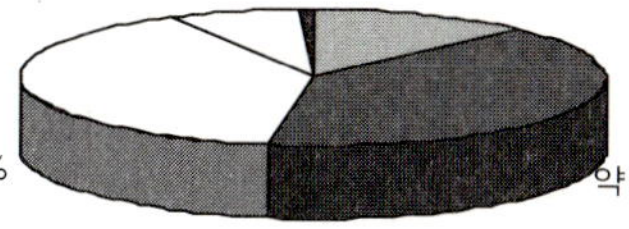

[그림 37] 한국정부의 재외동포 인재 발굴, 육성, 지원 적극도

그림에서 보는 바와 같이 현재 한국 정부가 재외동포 인재를 발굴하고 육성, 지원하는데 대한 질문에서 중남미 4개국 전문가 그룹은 비교적 적극적(8.1%)이라기보다는 소극적이라는 데에 절반 이상의 응답률을 나타내고 있어 한국 정부의 보다 적극적인 인재개발의 의지가 절실함을 알 수 있다. 국가별로도 파라과이나 멕시코는 적극적이라는 응답이 0%로 나타나 이들 국가에서 정부의 정책에 대한 불신의 골이 깊음을 알 수 있으며, 아르헨티나와 브라질은 적극적이라는 응답이 전체 평균에 준하고 있어, 무엇보다도 한국 정부의 보다 적극적이며 전향적인 인재 발굴 정책 마련이 시급함을 알 수 있다.

〈표 126〉 국가별 한국정부의 재외동포 인재 발굴, 육성, 지원 적극도

	국가				전체
	파라과이	멕시코	아르헨티나	브라질	
매우 소극적	17.6%	28.6%	3.6%	17.8%	12.1%
약간 소극적	41.2%	28.6%	38.2%	44.4%	40.3%
보통	41.2%	42.9%	47.3%	28.9%	39.5%
약간 적극적			9.1%	8.9%	7.3%
매우 적극적			1.8%		0.8%

4.4.3 재외동포 국가별/직종별 전문가 네트워크 유용도

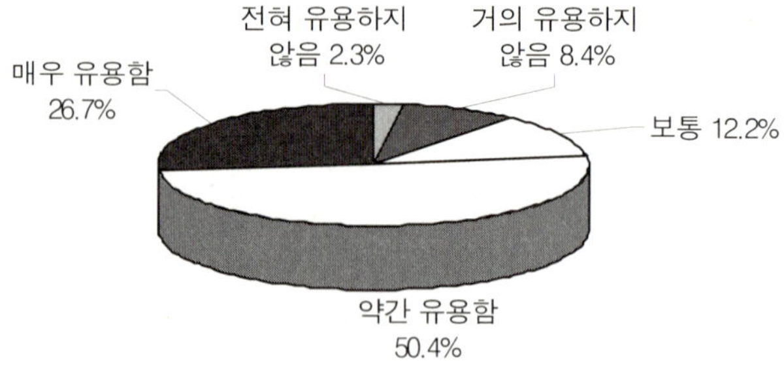

[그림 38] 재외동포 국가별/직종별 전문가 네트워크 유용도

재외동포의 국가별/직종별 전문가 네트워크의 유용도 조사에서는 유용하다고 응답한 비율이 전체의 77.1%를 차지, 재외동포 인재 발굴과 그 맥락을 같이하여 재외동포 전문가 그룹 네트워크 구축이 시급함을 알 수 있다. 이는 무엇보다도 유태인 사회나 화상사회와 견줄

수 있는 한인네트워크가 국가적인 발전의 측면에서 기여할 바가 크다는 인식의 반증으로 볼 수 있으며, 거주국 한인의 삶의 조건이 곧 모국의 국가적 발전과 그 맥을 같이하고 있음을 보여주는 예시라고 할 수 있다.

특히 이민 2세와 3세로 넘어가는 과정에서 네트워크 구축은 보다 절실한 것으로 나타나고 있는데(100%), 이는 곧 이민사회가 보다 젊어지면서 이들의 현지 사회 진출의 폭과 깊이가 그만큼 확대되어 가고 있음을 나타내는 증거라고 할 수 있다.

〈표 127〉 국가별 재외동포 국가별/직종별 전문가 네트워크 유용도

	국가				전체
	파라과이	멕시코	아르헨티나	브라질	
전혀 유용하지 않음	5.9%	14.3%		2.1%	2.3%
거의 유용하지 않음	5.9%		8.5%	10.4%	8.4%
보통	11.8%	14.3%	11.9%	12.5%	12.2%
약간 유용함	58.8%	71.4%	52.5%	41.7%	50.4%
매우 유용함	17.6%		27.1%	33.3%	26.7%

〈표 128〉 이민세대별 재외동포 국가별/직종별 전문가 네트워크 유용도

	이민세대				전체
	1세	1.5세	2세	3세	
전혀 유용하지 않음	5.0%	2.0%			2.4%
거의 유용하지 않음	10.0%	9.2%			8.7%
보통	10.0%	14.3%			12.7%
약간 유용함	50.0%	48.0%	83.3%	100.0%	50.8%
매우 유용함	25.0%	26.5%	16.7%		25.4%

4.4.4 한국정부/유관기관 정책관련 자문 피요청시 응할 의도

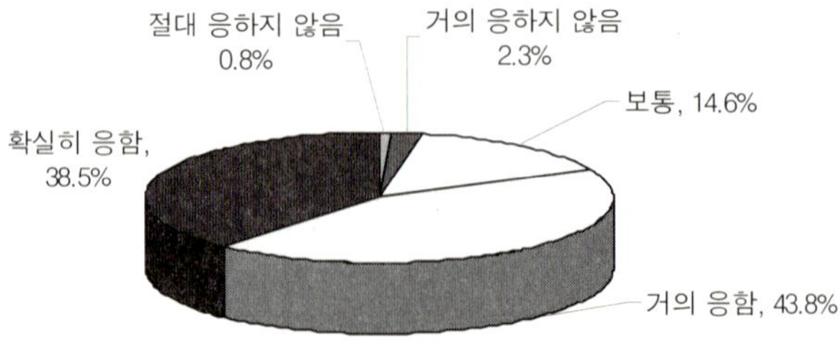

[그림 39] 한국정부/유관기관 정책관련 자문 피요청시 응할 의도

중남미 4개국 전문가 그룹은 한국정부나 유관기관의 정책자문 요청 시, 거의 그리고 확실히 응할 것이라는 응답에 82.3%의 지지율을 보이고 있어 모국 발전의 기여에 적극적 의사 표시를 하고 있다.

〈표 129〉 국가별 한국정부/유관기관 정책관련 자문 피요청시 응할 의도

	국가				전체
	파라과이	멕시코	아르헨티나	브라질	
절대 응하지 않음			1.7%		0.8%
거의 응하지 않음			3.4%	2.1%	2.3%
보통	23.5%	14.3%	13.6%	12.8%	14.6%
거의 응함	52.9%	71.4%	50.8%	27.7%	43.8%
확실히 응함	23.5%	14.3%	30.5%	57.4%	38.5%

특히 직업별로 정치인과 법조인 그리고 학자들은 참여 의사가 다른 직업군에 비해 훨씬 높은 것으로 나타나고 있으며, 이민세대별 구분에서도 3세대의 경우 100%의 응답을 나타내 부모의 모국인 한국의 뿌리임을 잊지 않고 어떤 방법으로든 모국 발전에 기여하고 싶은 의지를 갖고 있음을 알 수 있다.

〈표 130〉 직업별 한국정부/유관기관 정책관련 자문 피요청시 응할 의도

	직업						전체
	법조인	정계	의료인	학자	문화예술인	기타	
거의 응하지 않음			2.5%			5.3%	1.9%
보통		16.7%	22.5%	5.9%	42.9%	15.8%	15.9%
거의 응함	38.9%		60.0%	35.3%	28.6%	42.1%	43.9%
확실히 응함	61.1%	83.3%	15.0%	58.8%	28.6%	36.8%	38.3%

〈표 131〉 이민세대별 한국정부/유관기관 정책관련 자문 피요청시 응할 의도

	이민세대				전체
	1세	1.5세	2세	3세	
절대 응하지 않음		1.0%			0.8%
거의 응하지 않음		2.0%	16.7%		2.4%
보통	15.8%	13.3%	33.3%		14.4%
거의 응함	42.1%	45.9%	16.7%	50.0%	44.0%
확실히 응함	42.1%	37.8%	33.3%	50.0%	38.4%

4.4.5 전문가 그룹 실태 조사 자료 희망 활용 방안

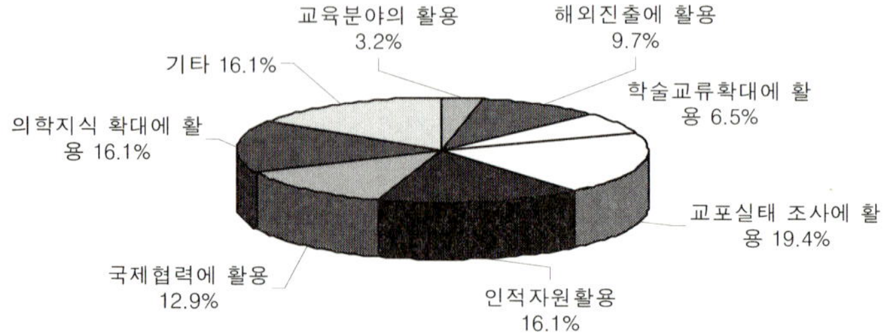

[그림 40] 전문가 그룹 실태조사 자료 희망 활용방안

이번 전문가 그룹 실태조사 자료가 활용되기를 바라는 방향과 관련한 질문에서 파라과이, 멕시코, 아르헨티나, 브라질 거주 한인 전문가 그룹은 무엇보다도 교포실태조사에(19.4%) 활용되기를 희망하고 있는 것으로 나타났는데 이는 무엇보다도 이민 역사의 장구함에도 불구하고 교민실태파악이 아직 구체적이고도 체계적으로 이루어지지 못하였음을 반증하는 결과로 볼 수 있다. 이외에도 활용방안에는 인적자원의 활용(16.1%)이나 의학지식 확대(16.1%, 이는 조사된 전문가의 상당수가 의사였기 때문), 국제협력에 기여(12.9%) 및 해외진출에 활용(9.7%)의 순으로 나타났는데, 이로 미루어 볼 때 거주국 전문가의 네트워크 구축과 이를 통한 인적자원의 활용 등의 절실함이 이번 조사의 중요한 결과 중의 하나라고 말할 수 있다.

〈표 132〉 국가별 전문가 그룹 실태 조사 자료 희망 활용방안

	국가				전체
	파라과이	멕시코	아르헨티나	브라질	
교육분야의 활용				5.0%	3.2%
해외진출에 활용				15.0%	9.7%
학술교류확대에 활용			14.3%	5.0%	6.5%
교포실태 조사에 활용		50.0%	14.3%	20.0%	19.4%
인적자원 활용	50.0%	50.0%	28.6%	5.0%	16.1%
국제협력에 활용			28.6%	10.0%	12.9%
의학지식 확대에 활용	50.0%		14.3%	15.0%	16.1%
기타				25.0%	16.1%

Ⅳ. 결 론

1. 요약

중남미 한인 전문가 실태 조사는 아르헨티나, 브라질, 멕시코, 파라과이에서 활동하고 있는 143명의 전문직 종사자를 대상으로 실시되었다. 국가별로는 아르헨티나가 64명으로 가장 많고, 다음으로 브라질이 48명, 파라과이 22명, 멕시코 9명 순이다. 조사대상자 중 남자가 89명으로 62.2%, 여자가 54명으로 37.8%를 차지했다. 직업별로 보면 법조인 18명, 정계 6명, 의료인 44명, 군인 1명, 학자 18명, 문화예술인 8명, 기타 21명으로, 의료인으로 활동하는 사람들이 조사 대상자의 37.9%로 가장 숫자가 많았고, 다음으로 법조인과 학자가 각각 15.5%를 차지하는 것으로 나타났다. 이와 같이 의료인, 법조인, 학자들이 전체에서 차지하는 비중이 높은 것은 이민 1세대들이 가지고 있는 한국적인 직업관이 1.5세 내지 2세의 전공 선택에 많은 영향을 준 것으로 판단된다.

이번 실태조사에 포함된 전문가들 중에 학사 출신이 전체의 64.7%를 차지했다. 특히, 법조인과 학자 그룹에서 그 비율이 높게 나타나는데 이는 이 분야에서 활동하기 위해서는 학사 학위이상을 취득하는 것이 필수적이기 때문인 것으로 보인다. 소수이지만 고등학교와 전문대학 출신들이 포함되어 있었는데, 이들은 현지에서 학위나 자격증을 취득하지 못한 상태로 전문 영역에 종사하고 있다.

이번 조사의 대상자들을 세대별로 보면, 이민 1세대이면서 전문가로 활동하고 있는 사람이 20명으로 전체 14.5%를 차지했다. 1.5세대는 가장 많은 107명으로 92.0%를 차지했으며 2세와 3세는 8%로 상대적으로 적은 것으로 나타났다. 이러한 이유는 아직 중남미 한인 이민의 역사가 대부분 40년 이내로 2세나 3세가 현지 사회에 본격적으로 진출하기에는 아직 이르기 때문인 것으로 판단된다.

[이민, 현지 정착과 적응]

이민 시기를 보면 전체 대상자의 대부분이 70년대(44.5%)와 80년대(35.2%)에 이주한 것으로 나타났다. 그러나 국가별로는 멕시코의 경우는 80년대 이후가 많고, 파라과이와 브라질은 70년대 이민이 많은 수를 차지하며 아르헨티나는 80년대 이민이 주를 이루는 것으로 나타났다. 국가별 이민년도 평균을 보면, 브라질 1973년, 아르헨티나 1980년, 파라과이 1981년, 멕시코 1994년이다. 이는 중남미 한인의 이민사와도 맥을 같이 하는 것이다.

이민의 주된 동기는 부모의 선택이다. 따라서 전문가 집단의 이민은 본인의 의사보다는 부모의 의사가 더 크게 작용했음을 알 수 있다. 이는 조사된 전문가 집단의 다수가 1.5세대이기 때문에 나타나는 필연적 결과라고도 할 수 있다.

현재 중남미 4개국 전문가 집단은 대체적으로 자신이 거주하는 나라에 대해 만족하고 있는 것으로 나타났다. 국가별로는 브라질-아르헨티나-멕시코-파라과이 순으로 거주국 생활에 만족하고 있는 것으로 조사되었다. 만족도에 대한 성별 차이가 있는데 일반적으로 여성이 남성보다 현지 생활에 더 만족하는 것으로 나타난다. 이는 한국 여성이 남성보다 이민 생활에 더 적극적으로 적응하고 있다는 것을 보여주는 것이다.

이민국 생활에 만족하는 이유로는 현지사회에 대한 친밀감, 사회적 신분 상승, 경제적 성공, 자녀교육문제 해결 등을 꼽았다. 반면 만족하지 못하는 가장 큰 이유는 거주국의 열악한 사회 환경과 불안정한 정치 상황인 것으로 나타났다.

다른 나라로 재 이민할 의사가 있는 사람은 17.6%였다. 재이민 의사가 높지 않은 것은 전문가 집단이 거주국 사회에서 어느 정도 정착에 성공하여 현지 생활에 대체적으로 만족하고 있기 때문이라고 할 수 있다. 학력이 낮을수록, 남성보다는 여성이, 기혼자보다는 미혼자가, 1세보다는 1.5세나 2세가 재이민 의사가 높다는 점은 주목할 만하다. 재이민의 이유로는 자녀 교육 문제, 더 나은 외국생활 추구, 경제적 이유 등이었으며, 가장 선호하는 국가는 미국이었다. 한국으로의 역이민을 원하는 비율(14.5%)은 높지 않은 편이다.

전문가 집단의 국가별 이민 햇수 평균은 브라질 32년, 아르헨티나 25년, 파라과이 23년, 멕시코 15년의 순으로 4개국 평균은 약 27년이다. 직업별로는 정계에서 활동하는 사람들의 이민 년수가 긴 편인데 이는 다른 직종에 비해 정계가 개인적 역량과 함께 오랜 기간을 두고 맺어진 인적 네트워크를 필요로 하는 영역이기 때문이라고 볼 수 있다.

정착 초기 가장 큰 어려움은 언어소통문제였으며 이외에도 문화차이나 경제적 어려움, 관공서 일처리 등에 애로가 있었음을 알 수 있다. 이러한 문제들을 해결하기 위해 이들은 대사관, 한인회, 현지기관보다는 주로 친인척, 친구, 종교단체, 현지인 등 비공식적이고 개인적인 차원에서 해결한 것으로 나타났다.

중남미에서 한국인에 대한 차별은 크게 심각하지는 않은 것으로 보인다. 차별 받는 이유로는 문화적 차이에 대한 이해 부족이 가장 큰 것으로 나타났다. 다음으로는 언어소통문제, 피부색, 출신국가 때문에 차별받는 것으로 드러났다. 국가별로는 아르헨티나에서는 피부색이 피차별의 주요한 이유이지만 브라질에서는 그렇지 않아 좋은 대조를 보였다.

이들의 현지화정도를 보면, 중남미 4개국 전문인 10명중 7명은 월 4회 이상 현지인들과 모임을 가지나 월 1회 이하인 경우도 전체의 약 18%나 되는 것으로 나타났다. 현지인과 모임을 갖는 이유를 보면, 우선 직업과의 연관성을 들 수 있다. 반면에 현지인과 모임을 갖지 않는 이유로는 기회가 없기 때문이라는 응답이 가장 많았고 다음으로는 말이 통하지 않거나 현지문화가 맞지 않거나 현지인이 싫기 때문인 것으로 나타났다.

마찬가지로 거주국 문화의 수용에 대해서는 현지 음식→춤/노래→축제→국경/기념일 순으로 참여하는 것으로 나타났다. 관련하여 주목할 점은 남성보다 여성이, 기혼자보다 미혼자가 거주국 문화에 더 개방적이라는 사실이며 또 연령별로도 전반적으로 젊은 사람일수록 거주국 문화를 더 수용하고 있음을 알 수 있다. 따라서 향후 시간이 흐름에 따라 중남미 전문인들이 거주국 문화에 참여하는 정도는 더 커질 것이라는 예상을 가능케 한다.

재이민의 동기와 유사하게 현지 생활에서 가장 어렵게 생각하는 것은 문화차이였다. 다음으로는 사회정치적 불안이었고 이외에도 언어소통의 문제나 경제문제 등을 주요한 어려움으로 지적했다. 중남미의 정치적 혼란과 반복되는 경제 위기를 반영하는 측면이 있다 하겠다.

[한인 정체성과 공동체 활동]

한국어 구사능력을 보면 조사 대상자의 88.5%가 한국어를 보통 이상으로 구사할 수 있는 것으로 나타났다. 이 중에서 57.6%가 한국어를 잘 하는 것으로 생각하고 있고, 30.9%에 달하는 사람들이 자신의 한국어 수준을 보통이라고 평가하고 있다. 반면, 한국어를 잘 구사하지 못한다고 생각하는 사람들의 비율은 11.9%로 낮게 조사되었다. 이는 이들 국가에 거주하는 한인 전문가들 사이에서 한국어가 잘 유지되고 있음을 보여준다.

또한 이들은 대다수가 스스로를 한국인으로 생각하고 있는 것으로 나타났으며, 소수만이 스스로를 한국인이 아니라고 생각하는 것으로 조사되었다. 한국인으로서의 정체성을 갖는 데는 이들 스스로가 한국인으로 자각하고 있다는 사실과 가정교육이 가장 큰 영향을 준 것으로 나타났다.

한인 전문가들 중에서 자신들이 거주하는 국가에서 한국 언어, 문화, 역사 등 한국 관련 교육을 받아본 사람(41%)보다는 받아보지 못한 사람(58.8%)이 더 많은 것으로 조사되었다. 이들이 자신들이 거주하는 곳에서 한국 언어, 문화, 역사 등 한국 관련 교육을 받은 가장 큰 이유로 한국인으로 갖춰야 할 소양이기 때문이라고 답했다. 또한 한국과 관련된 교육을 받은 적이 없는 가장 큰 이유는 적절한 기회가 없었기 때문인 것으로 나타났다.

이들은 54.1%가 매월 4회 이상 모임을 갖는 것으로 나타났다. 반면 매월 한 번도 모임을 갖지 않는 경우도 16%로 두 번째로 높게 나왔다. 이는 한인들 사이의 유대감이 강하다는 것을 의미하는 한편 동시에 한인들과 별 관계를 갖지 않고 살아가는 사람들도 많다는 것을 나타낸다. 이들이 한국인과 모임을 갖지 않는 가장 큰 이유는 필요성을 느끼지 못해서이고, 모임을 갖는 주된 이유는 사교를 위해서라고 답했다.

설문조사 대상자들이 한인사회 관련 정보를 얻는 가장 중요한 통로는 한인신문이다(40%). 그 외에 친목 활동, 종교 활동, 개인적 만남, 한인회, 인터넷 순으로 나타났다. 여기서 특이한 점은 한인회와 인터넷을 통한 정보의 습득 비중이 매우 낮다는 점이다. 이는 한인회가 많은 사람들로부터 유리되어 있고, 이 지역에 아직 인터넷 보급률이 낮기 때문인 것으로 판단된다.

한국의 전통과 문화를 즐기는 정도를 전체적으로 살펴보면 음식문화를 가장 잘 유지하고 있는 것으로 나타났고, 다음으로 예의범절, 한국TV프로, 노래/춤 등이 보통 이상으로 향유되고 있으며, 명절, 국경일, 제사, 한복 등은 잘 지켜지지 않는 것으로 조사되었다.

[거주국 사회진출과 통합]

자녀의 배우자로서 현지인을 고려하는 가의 여부에 대해서는 고려한다는 견해가 그렇지 않은 경우보다 높게 나타났으며 직업별로는 법조계와 정계에서 상대적으로 높게 나타나 개방적인 경향을 보였다. 이러한 경향은 결혼당사자에 있어서 실제 고려한다는 응답자는 상당히 낮게(14.3%) 나타났지만, 세대가 지날수록, 연령이 낮을수록 현지인과의 결혼을 고려한다는 비율이 높아졌다. 이는 향후 세대가 바뀔수록 결혼을 통한 현지사회로의 통합이 가속화될 것임을 의미한다. 그럼에도 현지인과의 결혼이 현지사회 진출과는 커다란 도움이 되지는 않을 것이라는 인식이 상대적으로 높았다.

자신이 한국인임이 사회활동에 도움을 주는 가의 여부는 '도움이 된다'는 인식이 비교적 높았다. 국가별로는 아르헨티나, 멕시코, 브라질, 파라과이의 순으로 높게 나타났다. 이러한 인식은 남성보다는 여성에서 매우 높게 나타났다. 직업군을 통해 볼 때 문화예술인을 제외한 모든 군에서 사회활동에 도움을 준다는 인식이 더 컸다. 이민 세대와 연령별로 볼 때도 이민세대가 바뀔수록, 연령대가 낮을수록 한국인임이 사회활동에 도움이 된다고 인식했다.

한국인이기 때문에 직업 활동에 어려움이 있느냐에 대한 질문에 대해 어려움을 느낀다고 답한 비율은 아르헨티나, 브라질, 파라과이의 순으로 나타났다. 전체적으로 볼 때 정계가 한국인으로서 활동하기에 상대적으로 가장 어려운 분야로 볼 수 있었다. 또 이러한 애로를 느끼는 경우는 학력이 높을수록 더 많이 나타났다.

한국인임으로 인해 애로를 경험하는 이유들에 대해서는 전문가 그룹임에도 불구하고 의료인을 제외한 대부분의 직업에서 인종적인 이유가 가장 큰 애로를 경험하는 이유로 나타났다. 직업상의 애로들에 관해 관련기관에 도움을 요청한 경험에 관해서는 전체의 48.9%가 전혀 없음으로 응답해 소극적으로 대처하는 것으로 나타났다.

국적유지 및 포기문제에 있어서는 논란이 많은 만큼 의견도 다양했다. 취업, 입학, 승진과 관련하여 한국국적을 포기해야 하는 상황이 주어질 경우, 한국국적을 포기하겠다는 비율과 포기하지 않겠다는 비율이 각각 35.2%로 동등하게 나타났다. 국가별로 보면, 브라질에서 '포기하겠다'의 비율이 가장 높았고, '포기하지 않겠다'의 비율이 가장 높은 국가는 아르헨티나였다. 직업별로는 정계에서 '포기하겠다'는 비율이 상대적으로 높았다. 또, 한국국적 유지의 의지는 학력수준이 높을수록 낮아졌다는 점이 매우 특징적이었다. 또 연령대가 낮아질수록 그리고 1세대보다는 2세대에서 한국 국적을 포기하지 않겠다는 응답자의 비율이 점차 높게 나타났다. 이러한 현상은 젊은 연령대가 다양한 경로로 접하게 되는 한국의 국제적 이미지가 긍정적으로 비춰졌기 때문인 것으로 볼 수 있다.

[재외동포정책과 전문인 그룹]

재외동포정책이 현지 한인의 정치, 경제, 사회적 위상을 제고 할 수 있도록 이루어지는가라는 질문에 대해서는 전체의 83.5%가 도움이 되지 않거나 적은 것으로 응답하여 한국정부의 재외동포 정책이 현지 한인들의 거주국 위상의 제고와는 거리가 있는 것으로 생각하고 있었다.

재외공관 담당자들의 동포들에 대한 서비스 정신 정도를 묻는 질문에 대해 중남미 4개국 전문가 집단은 약간 그리고 매우 있다라는 응답이 전체의 24.2%를 차지하여, 거주국 한인들은 재외공관 담당자들에 대한 서비스 정신이 부족한 것으로 지적하고 있다.

중남미 4개국 한인 전문인 그룹의 재외동포법 인지도 조사에서 전체의 66.9%가 알지 못하고 있다고 답하여 재외국 한인들에 대한 홍보가 필요함을 알 수 있었다. 한국정부의 재외동포 지원 정책 내용 중 참정권 문제에 대해서는 중요하다고 응답한 비율은 64%였다. 체재기한의 제한 철폐에 대해서도 중요하다고 응답한 비율이 전 연령대에서 75%에서 85%까지 차지하여 거주국 한인 동포들의 이 문제에 대한 관심을 알 수 있었다.

현재 한국 정부의 재외동포 인재육성 및 지원정책에 대해서는 절반이상이 소극적이라고 응답하여 한국 정부의 보다 적극적인 자세가 필요함을 알 수 있었다. 재외동포의 국가별/직종별 전문가 네트워크의 유용도 조사에서는 유용하다고 응답한 비율이 전체의 76.9%를 차지하여 재외동포 전문가 그룹 네트워크 구축이 시급함을 알 수 있었다. 전문가 그룹은 한국정부나 유관기관의 정책자문 요청시 응하겠다는 비율이 82.2%를 보이고 있어 모국 발전에 적극적으로 기여하겠다는 의사 표시를 하였다..

이번 전문가 그룹 실태조사 자료가 활용되기를 바라는 방향과 관련한 질문에서 전문가 그룹은 무엇보다도 교포실태조사에(19.4%) 활용되기를 희망하고 있는 것으로 나타났는데 이는 이민 역사의 장구함에도 불구하고 교민실태파악이 아직 구체적이고도 체계적으로 이루어지지 못하였음을 반증하는 결과로 볼 수 있다.

이상에서 살펴본 바와 같이 중남미 한인 전문가들은 다른 한인들과 달리 상대적으로 사회통합의 정도가 높은 것으로 조사되었다. 대부분의 전문가들은 직업적인 이유로 인해 현지인들과 많은 접촉을 가지는 것으로 나타났다. 또한 이들은 접촉을 통해 현지 문화를 습득하여 표면적으로는 현지화되어 있었다. 그러나 전문가들의 기저 문화는 여전히 한국적 사고와 가치를 지니고 있었다.

이와 같은 사회통합은 특정한 영역에서는 현지 문화와 사회에 완전히 동화되어 있지만 아직도 많은 영역에서 한국적인 문화와 가치관이 유지되는 분절적인 형태를 이루고 있다. 분절적 통합 모델은 동일한 문화집단으로 묶을 수 있는 집단적 거주 공동체에 토대를 두고 진행되는데 이 지역 한인 전문가들도 동일한 상태인 것으로 나타났다.

따라서 이들은 한인들이 형성하고 있는 집거권(enclave)과 거주국 사회가 만나는 접점에 위치하여 한편으로 한국과 거주국의 문화 매개자라는 긍정적인 측면을 지니고 있지만, 다른 한인들의 시각에서는 모호한 이중적 정체성을 지니고 있는 것으로 보여 정당한 평가를 받지 못하는 경우도 있었다. 그러나 거주국 사회가 접점에 위치해 있는 전문가 집단을 통해 한인 사회를 바라본다는 측면에서는 현지 사회 통합에 있어 한인의 '대표'로서 가치를 지니고 있었다.

이런 측면에서 한인 전문가 집단이 가지고 있는 양국 문화 매개자로서의 기능은 매우 중요하다고 판단된다. 따라서 전문인들은 거주국 주류사회와 한인사회간에 마찰이 생겼을 경우 이를 해결하는데 중추적인 역할을 수행할 수 있을 것이다.

그렇지만 한인 사회 내에서 전문가 집단들은 한국과 같은 경제적·사회적 지위를 누리고 있지 못했다. 앞에서 살펴본 바와 같이 중남미 한인들의 대부분은 경제적 이유로 이민을 선택한 사람들이다. 따라서 경제적 가치가 삶에 있어 매우 중요한 요소가 된다. 중남미에서 전문 직업에 종사하는 사람들은 한국과 비교했을 때 경제적으로나 사회적으로 높은 지위를 누리지 못하고 있다. 그래서 차라리 가게를 차리는 것이 돈 버는데 훨씬 낫다는 인식과 때때로 그것이 맞기도 한 현실 때문에 전문가들이 자신의 전공 영역을 포기하고 '시장'으로 돌아오는 경우도 적지 않다. 이는 향후 동포 2, 3 세들이 거주국 사회의 다양한 방면으로 진출하는데 장애요소가 될 가능성이 크기 때문에 세심한 관찰이 필요한 부분이라 하겠다.

2. 실태조사의 한계점과 후속연구의 필요성

이 조사 연구가 갖는 나름의 가치와 기여에도 불구하고 한계점 또한 없지 않다. 우선, 단기연구가 갖는 본원적 한계를 지적할 수 있다. 특히, 2주간의 현지조사는 수집 자료를 현지에서 1차 검토하여 이상한 점을 재확인하기에 충분한 시간이 아니었다. 또 모든 조사 연구는 관련 주제에 대한 기존 연구 분석이 선행되어야 한다. 중남미 한인 전문가에 대한 조사 연구도 마찬가지이나 관련된 이전 연구가 거의 전무한 관계로 사전에 정치한 사전연구를 수행하는데 문제가 있었음을 고백하지 않을 수 없다. 이외에도 이번 조사가 아르헨티나, 브라질, 파라과이, 멕시코 등 4개국에 한해 이루어졌기 때문에 본 연구의 결과가 중남미 전체의 한인 전문인들의 삶과 인식을 반영하는 것은 아니다. 다만 이들 나라가 중남미에서 우리 동포가 많은 나라들이고 또 최근 들어 가장 역동적인 경제공동체로 성장하고 있는 메르코수르와 라틴아메리카의 관문이라고 할 수 있는 멕시코의 한인들에 대한 연구라는 점에서 시의적으로 중요한 의미를 갖는다고 할 수 있다.

이번 조사의 분석 결과물과 함께 연구팀이 얻은 중요한 수확은 첫째, 중남미 한인과 한인 전문가에 대한 후속 연구가 필요하다는 사실이었다. 중남미 한인을 직종을 기준으로 대별하면 '소수'의 전문 직종 종사자와 '다수'의 상공업 종사자로 구분할 수 있다. 따라서 중남미 한인의 실태와 인식을 파악하기 위해서는 소상공인에 대한 조사사업이 절대적으로 필요함을 인식하였다. 또 의외로 중남미 한인 사회에서 사회적 성공의 표상으로서 전문 직업에 대한 선호가 높지 않은 것으로 나타났다. 따라서 전문직과 소상공인에 대한 조사연구를 병행

함으로서 사회적 성공이나 입신에 대한 거주국 사회와 한인 사회의 특성을 가늠할 수 있을 것이다.

둘째, 중남미 한인에 대한 조사와 연구의 폭이 확장될 필요가 있다. 언급한 바와 같이 기존의 중남미 한인 연구는 이민사를 중심으로 제한적으로 이루어져왔다. 이러한 연구에는 중남미 한인 사회가 겪고 있는 변화를 수용할 수 없을 뿐만 아니라 거주국 사회의 변화에 따른 한인 사회의 수용과 대응, 통합 과정의 변화를 포착하는데 한계가 있을 수밖에 없다. 이런 측면에서 이번 중남미 전문가 그룹 실태조사는 학술적으로도 높은 가치를 갖는다고 할 수 있다. 따라서 향후에도 한인 사회가 거주국 사회와 교류하고 소통하는 과정과 현상을 관찰하는 조사와 연구가 이루어져야 할 것이다. 마찬가지로 한인 경제에 대한 연구도 이루어질 필요가 있다. 중남미의 많은 한인들이 경제적인 성공을 주요한 이민 이유로 꼽고 있다. 이번 조사연구에서도 경제활동은 한인들의 삶에 있어서 가장 중요한 부분을 차지하고 있음을 확인한 바 있다. 물론 이들의 경제활동이 거주국을 중심으로 이루어지고 있지만 인접국이나 한국으로 확대될 수 있는 가능성은 얼마든지 있다. 따라서 한인 경제에 관련된 제반 활동에 관한 연구를 활성화시킴으로서 그들이 기능과 역할을 가진 주체로서 국제경제무대에 참여할 수 있도록 해야 할 것이다.

셋째, 한인 교육과 정체성 강화 프로그램에 대한 연구와 지원의 확대가 필요하다. 한인 전문가 실태 조사에서도 교육은 한인들의 정체성 형성과 유지에 큰 영향을 미치는 것으로 나타났다. 중남미 한인들도 한글교육이 곧 한국인의 정체성을 형성하는 중요한 과정으로 인식하고 있다. 따라서 현재 중남미 한인들을 대상으로 운영되는 한글학교와 한국학교에 대한 지원뿐만 아니라 한국인으로서의 정체성과 자긍심을 고취시킬 수 있는 다양한 교육 및 문화 프로그램이 개발되어야한다. 이런 측면에서 동포재단의 문화-교류 사업은 매우 긍정적이나 동포를 초청하는 것 이외에도 이런 사업들이 현지에서도 전개될 수 있도록 지원하는 방법을 검토할 필요가 있다고 본다.

마지막으로는 동포 문제에 대한 조사와 연구에 동포들의 참여를 확대할 필요가 있다. 중남미 한인 연구를 거주국에 대한 깊은 이해를 가진 현지 전문인과 협동하여 조사하는 것도 바람직할 것이며 또 이들을 통해 연구조사 계획 수립 시부터 한인들의 다양한 의견을 수렴할 수 있도록 하는 방안도 고려해 볼 만 하다. 이는 현지 조사를 효율적으로 추진할 수 있다는 측면뿐 만 아니라 자신이 속한 사회를 타자적 입장에서 이해할 수 있는 기회를 제공한다는 측면에서도 가치를 갖는다고 할 수 있다. 따라서 최근 동포재단이 '아르헨티나 한국인 이민 40년사' 발간을 지원한 것은 긍정적으로 평가할 만하다.

3. 정책적 제언과 새로운 방향 모색

이번 조사를 통해 중남미 한인 전문가들의 실태뿐 만이 아니라 전문가 집단이 한국 정부의 재외동포 정책에 대해 어떤 인식을 가지고 있는지 파악할 수 있었다.

실태조사 분석 결과를 기초로 하여 살펴보면, 다수의 한인 전문가들이 정부의 동포정책에 비우호적인 입장을 가지고 있는 것으로 나타났는데, 우선 동포 정책이 동포들의 요구사항을 제대로 수용하지 못한다는 지적이 적지 않다는 것이다. 따라서 정부는 동포들의 요구가 잘 수용되고 있는지 확인할 필요가 있고, 아울러 국가별, 지역별 특성에 맞춰 정책을 고려하고 동포들의 일상적 필요와 부합하는 정책을 입안하는 것이 중요하다고 본다. 이를 위해 교민 단체뿐만 아니라 중남미 한인 전문가 그룹을 통한 의견 수렴도 바람직하다 하겠다. 마찬가지로 정부 정책에 대한 공평성과 지속성에 대한 신뢰가 많지 않는 것으로 나타났다. 중남미 한인 전문가 집단은 한국 정부가 추진하는 정책들이 일회적이라는 인식을 가지고 있는 경우가 많았다. 또한 동포정책이 주로 대사관을 통해 시행되는 관계로 이에 대한 민원성 불만도 없지 않은 것으로 나타났다. 정부의 대중남미 동포 정책의 내용이 바뀔 경우, 우리 공관에서는 인내심을 가지고 이를 안내-홍보해야 하며 정책 수혜의 대상을 선정하는 데 잡음이 없도록 노력해야 할 필요가 있다. 이와 함께 이번 조사에서 우리나라 재외공관의 봉사정신이 부족하다고 느끼는 것으로 나타났다. 이는 아마 동포사회 내의 문제 또는 거주국 사회와의 문제가 발생했을 때 이를 해결하기 위해 우리 대사관이 취하는 노력이 동포들이 기대하는 수준에 미치지 못하거나, 고국을 떠나 타국에서 '고생'하는 동포들에게 외교관의 특권적 지위가 상대적으로 너무 높게 보이기 때문일 수도 있다. 따라서 이에 대한 세심한 관찰과 배려가 필요하다 하겠다. 다행인 것은 일부이긴 하지만 예전에 비해 대사관의 영사업무가 좋아졌다고 응답한 경우도 있었다는 사실이다.

중남미 한인 전문인들의 재외동포 관련 정책과 제도에 대한 인지도는 높지 않은 것으로 나타났다. 이러한 이유는 정부의 홍보가 불충분했기 때문이기도 하지만 다른 측면에서 보면 재외동포법이 중남미 한인들의 생활에 큰 영향을 미치지 않는다고 생각하기 때문인 것으로 보인다. 따라서 재외동포 관련 법령이나 정책들이 발표될 때에는 한인들이 가장 많은 정보를 얻는 언론 매체 등을 통해서 일정기간 공고하거나 광고하는 것이 필요하다. 이번 조사에서 한인들이 한인사회뿐만 아니라 현지 뉴스를 접하는 가장 중요한 매체가 한인신문인 것으로 나타났다. 이를 감안하여 한인 신문에 현지어 설명을 첨부하여 그 내용을 알리는 방법도 고려할 만하다.

또 중남미 한인들은 해결되어야 할 중요한 과제로 이중국적 문제를 지적하였다. 중남미 대부분의 국가에서 이중국적이 인정되고 있고 또 중남미에 거주하는 다른 이민자들도 자신의 모국에서 국적 제한 없이 자유롭게 교육을 받거나 경제활동을 하고 있다. 그러나 중남미 한인들은 거주국에서는 한국인으로, 한국에서는 외국인으로 많은 제한과 어려움을 받고 있다. 이에 대한 정부 차원의 신중한 접근과 결정이 있어야 할 것이다.

재외동포재단의 정책에 대해서도 마찬가지로 인지도와 만족도가 높지 않은 것으로 나왔다. 재외동포정책의 효율적 집행이라는 측면에서 재외동포재단의 역할은 매우 중요하다고 할 수 있다. 재외동포재단은 재외동포법에 따라 설립된 이후 재외동포들을 위해 많은 지원과 활동을 펼쳐왔다. 따라서 그 동안 추진한 사업들이 중남미 한인들에게 어떻게 인식되고 있고, 어느 정도 만족하고 있는지를 분석하는 것은 재단의 발전과 향후 계획 수립을 위해 매우 중요하다고 할 수 있는데, 이번 실태조사에서 중남미 한인들은 재단 추진 사업에 대해 잘 알고 있지 못한 것으로 조사되었다. 그러나 재외동포재단의 사업을 알고 있는 사람들의 만족도가 높게 나타난 것은 긍정적인 측면이라 하겠다. 재외동포재단의 사업내용을 인지하고 있는 사람들은 대부분이 프로그램에 참여를 원하는 것으로 분석되었다. 따라서 재단의 활동과 사업에 대한 동포들의 이해를 높이기 위한 홍보가 여러 경로를 통해 이루어질 필요가 있다. 이러한 의미에서 이번 중남미 한인 전문인 그룹에 대한 실태조사는 연구외적인 성과로서 재단의 사업을 알리는 좋은 계기였다고 생각된다.

동포 인재의 발굴과 육성에 더 적극적인 정책이 필요하다. 그리고 미래의 교민 사회의 주역인 청소년들을 위한 프로그램도 확대실시될 필요가 있다. 같은 맥락에서 차세대 지도자 육성 프로그램에 참여한 인재들에 대한 관리도 지속적으로 이루어져야 할 것이다.

아울러 한인 네트워크 구축이 필요한 것으로 나타났다. 재외동포재단이 중심이 되어 한상 네트워크 등을 구축하고 있지만, 여러 가지 이유로 모든 한인 기업이 참여하지 못하고 있다. 마찬가지로 전문가 집단들도 긴밀한 네트워크를 구성할 수 있는 시스템을 갖고 있지 못하다. 한인 동포 네트워크를 통해 다양한 수준의 문제들을 해결하고 관리하며 국제적인 한인 연대를 가능케 할 수 있을 것이다.

마지막으로 더 구체적이고 총체적인 교민실태와 현황을 파악하기 위해 범정부 차원에서 재외 한인에 대한 총조사가 이루어질 필요가 있다. 중남미의 대표적인 출이민 국가인 칠레가 2004－2005년 동안 실시한 재외인구 총조사는 참조할 만하다. 칠레 외교부의 재외국민국과 통계청이 공동으로 실시한 이 조사는 온라인과 오프라인을 통해 대륙별 순회조사방식으로 진행되었는데 해외에 거주하는 모든 칠레인을 대상으로 출생, 교육, 직업, 참정권 등 23개 항목을 조사하여 현재 외교 및 동포 정책 수립의 핵심자료로 활용하고 있다. 우리나라에서도 유관기관들이 협력하여 재외동포 실태에 대한 총조사를 실시할 것을 신중하게 검토할 필요가 있다고 생각된다.

참고문헌

강정숙(2001), “독일 이민자 동화정책의 현황과 문제점”, 한국민족연구원, 『민족연구』, pp.153- 161.

권인숙(2005), “현지화,정형화,지구화:멕시코/일본 한인의 민속음식문화”, 『비교문화연구』 제11집 제2호,

권효숙(2003), “세계화 시대의 정체성과 사회과 인류학 교육”, 한국사회과교육연구학회, 『사회과교육』, 제42권 3호, pp. 107-128.

김동석(2005), “미주동포 정치세력화의 전망”, 서울 : 한국정치학회 ; 전남대학교 5.18연구소,

김세건(2004), 『멕시코 한인동포의 생활문화』, 국립민속박물관,

나형욱(2005), “한국 시민사회 운동과 재외한인 NGO 연대 모색”, 서울 : 한국정치학회 ; 전남대학교 5.18연구소

민병갑(2002), “재미동포의 민족응집력과 연대의 세대간 변화”, 서울 : 고려대학교 아세아문제연구소 ; East Rock Institute, (2002년 고려대학교 아세아문제연구소 East Rock Institute 공동주최 국제학술회의)코리안 디아스포라와 한민족네트워크 국제학술대회

박명규(2003), “(소수자로서의 해외 한인)한인디아스포라론의 사회학적 합의”, 서울 : 한국사회학회 ; 『한국문화인류학회』, pp.105-118.

박상택(2001), “한국과 일본의 이민정책 비교연구: 브라질 사례를

중심으로", 서강대 공공정책대학원,
박송이(2002), 『미국 캘리포니아 지역 한인 가정의 문화적 동화 정도에 따른 식생활 비교』, 서울대, 학위논문,
박준규(2002), "미주 한인의 디아스포라적 아이덴디티", 『역사비평』, 통권 58호
서성철(2004), "라틴아메리카와 한국인 이민", 『라틴아메리카연구』 Vol.17
설병수(2004), "재외한인사회연구와 인류학적 조사방법", 『재외한인연구』, pp.25-40.
신재영(1996), "미국의 한국계 청소년들의 종족정체성 형성에 관한 문화기술적 연구", 『교육학연구』 Vol. 35 No.5
원영준(1994), "미국 한인사회 변화와 한인 청소년의 생활과 문제",『한국청소년연구』, Vol. 19, pp.160-182.
윤인진(2003), 『코리안 디아스포라』, 고려대학교 출판부
______(2005), "코리아타운의 초기 형성과정과 재미 한인사회의 변모", 광복60주년기념 국사편찬위원회 재외동포사편찬 국제학술회의)재외동포사회의 역사적 고찰과 연구방법론 모색 pp.97-128.
______(2000), "미국으로의 한인 이주와 이민가족의 세대갈등". 『在外韓人硏究』, 제9호.
______(2002), "세계 한민족의 이주 및 정착의 역사와 한민족 정체성의 비교연구", 『재외한인연구』, Vol. 12.
______(2000), "미국으로의 한인 이주와 이민가족의 세대갈등" 『在外韓人硏究』, Vol.9 No.1,

______(2004) "사회조사방법을 통한 재외한인연구", 『재외한인연구』, pp. 1-24.

______(1997), 『재미 한인의 언어,문화 상황에 대한 설문조사 보고서』, 고려대 민족문화연구소

이덕희(2004), "하와이 한인 여성단체들의 활동 : 1903-1945", (제1회 학술대회)근대의 이민과 인천

이상미(2001), "청소년의 자아정체감 비교 연구: 한국과 브라질을 중심으로", 연세대학교 대학원,

이성우, 하성규, 다월 마이어 공저(2002), 『국제이동과 사회동화』, 서울대학교, 2002

이수자(2004), "이주여성 디아스포라: 국제성별분업, 문화혼성성, 타자화와 섹슈얼리티", 『한국사회학』,Vol.38, No.2, pp.189-221.

이신행(1985), "재미 한인 사회를 통해서 본 공동체화와 자율성", 『연세논집』,Vol. 21. pp.321-337.

이윤희(1999), 『상파울루의 한인들』, 서울, 미리내.

이장섭(1993), "동아시아 민족학연구의 현황과 과제 ; 해외한인의 문화접변", 『민족과 문화』, 1권, pp.77-94,

임영상(2003), "코리언디아스포라와 구술사", 『역사문화연구』, 제19집, pp.247-277.

임채완,장윤수,최영관,이진영,최영표,김재기(2005), 『재외한인 집거지역 사회경제』, 집문당 (전남대 사회과학연구원 세계한상(총서1-중남미 없음)

『재외한인여성의 생활실태 및 의식: 미국, 중국, 러시아,

중앙아시아를 중심으로』
『재외한인 언론의 역사와 현황 기초연구: 미국, 중국, 러시아,중앙아시아를 중심으로』
『재외한인이 법적 지위와 기본권 현황』
『재외한인 민족교육의 실태』
장윤수(2003), "세계 한민족 문화공동체 발전과 문화컨텐츠 개발", 『동포정책자료』, 65집, pp.47-60.
전경수(2000), "아르헨티나의 한국이민 : 형성과정과 분포경향", 『이베로아메리카연구』, 제11집, pp.157-198.
______(2000), 남미지역의 한인이민 분포와 실태, 한민족포럼 통권 제11호, pp.38-43.
______(1992), "브라질 韓國移民社會 民族觀 문제", 『재외한인연구』, pp.45-52.
정영훈(2002), "한민족공동체와 민족정체성 문제", 『在外韓人研究』, 제12권 2호(통권13호)
정희석(1999), 『중남미 지역 한인 이민 연구』, 경북대(석사),
최금좌(2005), "세계화시대 자유무역과 이민: MERCOSUR를 중심으로", 『라틴아메리카연구』, 18권, pp.181-221.
한인디아스포라언어문화연구단(2005), 『디지털 콘텐츠 시대의 민족문화 연구방법』, 서울, 글솟대.
한준상(1985), "재미 한인 교포의 부적응 현상과 귀소의식", 『연세교육과학』, Vol.26, pp.67-86.

중남미 한인 전문가 그룹 실태조사 연구 Table Data

기본데이터

〈표 133〉 성별 분류

성 / 국가	남	여	전체
파라과이	16.9%	13.0%	15.4%
멕시코	7.9%	3.7%	6.3%
아르헨티나	38.2%	55.6%	44.8%
브라질	37.1%	27.8%	33.6%

〈표 134〉 직업별 분류

직업 / 국가	법조인	정계	의료인	학자	문화예술인	기타	전체
파라과이		16.7%	22.7%	11.1%	25.0%	18.2%	16.4%
멕시코	5.6%		9.1%			4.5%	5.2%
아르헨티나	38.9%		45.5%	27.8%	25.0%	68.2%	42.2%
브라질	55.6%	83.3%	22.7%	61.1%	50.0%	9.1%	36.2%

〈표 135〉 학력별 분류

학력 / 국가	고졸	전문대졸	대졸	대학원이상	전체
파라과이	33.3%	60.0%	19.1%	19.4%	22.0%
멕시코	33.3%		4.3%	5.6%	5.5%
아르헨티나	33.3%	20.0%	53.2%	36.1%	44.0%
브라질		20.0%	23.4%	38.9%	28.6%

〈표 136〉 이민세대별 분류

국가 \ 이민세대	1세	1.5세	2세	3세	전체
파라과이	15.0%	16.8%	14.3%		15.9%
멕시코	10.0%	1.9%		100.0%	5.8%
아르헨티나	15.0%	50.5%	85.7%		45.7%
브라질	60.0%	30.8%			32.6%

〈표 137〉 결혼 여부별 분류

국가 \ 결혼 여부	기혼	미혼	전체
파라과이	8.7%	27.3%	14.7%
멕시코	7.6%	4.5%	6.6%
아르헨티나	38.0%	56.8%	44.1%
브라질	45.7%	11.4%	34.6%

〈표 138〉 연령별 분류

국가 \ 연령	20대 이하	30대	40대	50대 이상	전체
파라과이	11.5%	28.3%	7.5%	4.3%	15.5%
멕시코	7.7%		2.5%	21.7%	5.6%
아르헨티나	73.1%	49.1%	37.5%	17.4%	45.1%
브라질	7.7%	22.6%	52.5%	56.5%	33.8%

〈표 139〉 국가별 연령 분류

연령 \ 국가	파라과이	멕시코	아르헨티나	브라질	전체
20대 이하	13.6%	25.0%	29.7%	4.2%	18.3%
30대	68.2%		40.6%	25.0%	37.3%
40대	13.6%	12.5%	23.4%	43.8%	28.2%
50대 이상	4.5%	62.5%	6.3%	27.1%	16.2%

〈표 140〉 성별 연령 분류

연령 \ 성	남	여	전체
20대 이하	8.0%	35.2%	18.3%
30대	34.1%	42.6%	37.3%
40대	35.2%	16.7%	28.2%
50대 이상	22.7%	5.6%	16.2%

〈표 141〉 직업별 연령분류

연령 \ 직업	법조인	정계	의료인	학자	문화예술인	기타	전체
20대 이하	27.8%		13.6%	11.1%	25.0%	9.5%	14.8%
30대	50.0%	16.7%	43.2%	22.2%	50.0%	57.1%	42.6%
40대	16.7%	66.7%	18.2%	61.1%	25.0%	19.0%	27.8%
50대 이상	5.6%	16.7%	25.0%	5.6%		14.3%	14.8%

〈표 142〉 학력별 연령분류

연령 \ 학력	고졸	전문대졸	대졸	대학원이상	전체
20대 이하		20.0%	19.1%	8.3%	14.3%
30대	33.3%	60.0%	38.3%	44.4%	41.8%
40대	33.3%	20.0%	25.5%	16.7%	22.0%
50대 이상	33.3%		17.0%	30.6%	22.0%

〈표 143〉 이민세대별 연령분류

연령 \ 이민세대	1세	1.5세	2세	3세	전체
20대 이하	5.0%	16.8%	85.7%		18.2%
30대	20.0%	43.9%	14.3%		38.0%
40대	25.0%	29.9%		33.3%	27.7%
50대 이상	50.0%	9.3%		66.7%	16.1%

〈표 144〉 결혼여부별 연령분류

연령 \ 결혼 여부	기혼	미혼	전체
20대 이하	3.3%	52.3%	19.3%
30대	34.1%	40.9%	36.3%
40대	37.4%	6.8%	27.4%
50대 이상	25.3%		17.0%

〈표 145〉 연령 * 국가 평균

국가	연령
파라과이	34.45
멕시코	48.25
아르헨티나	35.78
브라질	45.58
전체	39.59

〈표 146〉 연령 * 이민세대 평균

이민세대	연령
1세	49.30
1.5세	38.06
2세	27.29
3세	56.33
전체	39.55

〈표 147〉 연령* 성별 평균

성별	연령
남	42.52
여	34.81
전체	39.59

〈표 148〉 연령 * 결혼 여부 평균

결혼 여부	연령
기혼	44.03
미혼	30.68
전체	39.68

〈표 149〉 연령 * 연령 평균

연령	연령
20대 이하	27.54
30대	33.98
40대	45.20
50대 이상	56.39
전체	39.59

〈표 150〉 연령 * 학력 평균

학력	연령
고졸	45.33
전문대졸	35.40
대졸	38.91
대학원이상	42.22
전체	40.24

〈표 151〉 연령 * 직업 평균

직업	연령
법조인	35.61
정계	45.50
의료인	40.27
학자	42.56
문화예술인	35.75
기타	38.76
전체	39.58

〈표 152〉 성별 국가분류

성별＼국가	파라과이	멕시코	아르헨티나	브라질	전체
남	68.2%	77.8%	53.1%	68.8%	62.2%
여	31.8%	22.2%	46.9%	31.3%	37.8%

〈표 153〉 성별 직업분류

성별＼직업	법조인	정계	의료인	학자	문화예술인	기타	전체
남	55.6%	100.0%	68.2%	55.6%	25.0%	68.2%	62.9%
여	44.4%		31.8%	44.4%	75.0%	31.8%	37.1%

〈표 154〉 성별 학력분류

성별＼학력	고졸	전문대졸	대졸	대학원이상	전체
남	100.0%	40.0%	61.7%	72.2%	65.9%
여		60.0%	38.3%	27.8%	34.1%

〈표 155〉 성별 이민세대 분류

성별 \ 이민세대	1세	1.5세	2세	3세	전체
남	80.0%	61.7%	14.3%	75.0%	62.3%
여	20.0%	38.3%	85.7%	25.0%	37.7%

〈표 156〉 성별 결혼여부 분류

성별 \ 결혼여부	기혼	미혼	전체
남	69.6%	43.2%	61.0%
여	30.4%	56.8%	39.0%

〈표 157〉 성별 연령분류

성별 \ 연령	20대 이하	30대	40대	50대 이상	전체
남	26.9%	56.6%	77.5%	87.0%	62.0%
여	73.1%	43.4%	22.5%	13.0%	38.0%

〈표 158〉 직업별 국가분류

직업 \ 국가	파라과이	멕시코	아르헨티나	브라질	전체
법조인		16.7%	14.3%	23.8%	15.5%
정계	5.3%			11.9%	5.2%
의료인	52.6%	66.7%	40.8%	23.8%	37.9%
학자	10.5%		10.2%	26.2%	15.5%
문화예술인	10.5%		4.1%	9.5%	6.9%
기타	21.1%	16.7%	30.6%	4.8%	19.0%

〈표 159〉 직업별 성분류

직업 \ 성	남	여	전체
법조인	13.7%	18.6%	15.5%
정계	8.2%		5.2%
의료인	41.1%	32.6%	37.9%
학자	13.7%	18.6%	15.5%
문화예술인	2.7%	14.0%	6.9%
기타	20.5%	16.3%	19.0%

〈표 160〉 직업별 학력분류

직업 \ 학력	고졸	전문대졸	대졸	대학원이상	전체
법조인			16.2%	6.5%	10.8%
정계	33.3%			3.2%	2.7%
의료인	33.3%	33.3%	40.5%	54.8%	45.9%
학자			10.8%	16.1%	12.2%
문화예술인		33.3%	8.1%	6.5%	8.1%
기타	33.3%	33.3%	24.3%	12.9%	20.3%

〈표 161〉 직업별 이민세대분류

직업 \ 이민세대	1세	1.5세	2세	3세	전체
법조인	11.8%	14.4%	33.3%		14.4%
정계	5.9%	5.6%			5.4%
의료인	35.3%	36.7%	66.7%		36.9%
학자	23.5%	15.6%			16.2%
문화예술인	5.9%	7.8%			7.2%
기타	17.6%	20.0%		100.0%	19.8%

〈표 162〉 직업별 결혼여부 분류

결혼여부 / 직업	기혼	미혼	전체
법조인	12.7%	18.2%	14.3%
정계	6.3%	3.0%	5.4%
의료인	39.2%	36.4%	38.4%
학자	20.3%	6.1%	16.1%
문화예술인	5.1%	12.1%	7.1%
기타	16.5%	24.2%	18.8%

〈표 163〉 직업별 연령분류

연령 / 직업	20대 이하	30대	40대	50대 이상	전체
법조인	29.4%	18.4%	9.4%	5.9%	15.7%
정계		2.0%	12.5%	5.9%	5.2%
의료인	35.3%	38.8%	25.0%	64.7%	38.3%
학자	11.8%	8.2%	34.4%	5.9%	15.7%
문화예술인	11.8%	8.2%	6.3%		7.0%
기타	11.8%	24.5%	12.5%	17.6%	18.3%

〈표 164〉 종교별 국가분류

국가 / 종교	파라과이	멕시코	아르헨티나	브라질	전체
가톨릭	33.3%	33.3%	25.0%	53.1%	34.8%
개신교	61.1%	55.6%	75.0%	40.6%	61.7%
무교	5.6%	11.1%		6.3%	3.5%

〈표 165〉 종교별 성분류

성 / 종교	남	여	전체
가톨릭	34.7%	34.9%	34.8%
개신교	59.7%	65.1%	61.7%
무교	5.6%		3.5%

〈표 166〉 종교별 직업분류

직업 / 종교	법조인	정계	의료인	학자	문화예술인	기타	전체
가톨릭	35.7%	50.0%	23.5%	50.0%	33.3%	21.1%	30.3%
개신교	57.1%	50.0%	73.5%	50.0%	66.7%	73.7%	66.3%
무교	7.1%		2.9%			5.3%	3.4%

〈표 167〉 종교별 학력분류

학력 / 종교	고졸	전문대졸	대졸	대학원이상	전체
가톨릭		40.0%	34.2%	25.9%	30.1%
개신교	100.0%	40.0%	63.2%	70.4%	65.8%
무교		20.0%	2.6%	3.7%	4.1%

〈표 168〉 종교별 이민세대분류

이민세대 / 종교	1세	1.5세	2세	3세	전체
가톨릭	46.2%	33.0%		75.0%	35.1%
개신교	46.2%	64.8%	100.0%		61.3%
무교	7.7%	2.2%		25.0%	3.6%

〈표 169〉 종교별 결혼여부 분류

종교 \ 결혼여부	기혼	미혼	전체
가톨릭	37.0%	28.6%	34.3%
개신교	58.9%	68.6%	62.0%
무교	4.1%	2.9%	3.7%

〈표 170〉 종교별 연령분류

종교 \ 연령	20대 이하	30대	40대	50대 이상	전체
가톨릭	28.6%	28.9%	43.8%	43.8%	35.1%
개신교	66.7%	71.1%	53.1%	50.0%	62.3%
무교	4.8%		3.1%	6.3%	2.6%

〈표 171〉 학위별 국가분류

학위 \ 국가	파라과이	멕시코	아르헨티나	브라질	전체
학사	62.5%	85.7%	67.4%	59.6%	64.7%
석사	31.3%		28.3%	21.3%	24.1%
박사	6.3%	14.3%	4.3%	19.1%	11.2%

〈표 172〉 학위별 성분류

학위 \ 성	남	여	전체
학사	59.2%	75.0%	64.7%
석사	28.9%	15.0%	24.1%
박사	11.8%	10.0%	11.2%

〈표 173〉 학위별 직업분류

학위 \ 직업	법조인	정계	의료인	학자	문화예술인	기타	전체
학사	76.5%	80.0%	57.1%	37.5%	75.0%	80.0%	63.5%
석사	17.6%	20.0%	31.4%	12.5%	25.0%	20.0%	22.9%
박사	5.9%		11.4%	50.0%			13.5%

〈표 174〉 학위별 학력분류

학위 \ 학력	전문대졸	대졸	대학원이상	전체
학사	100.0%	88.1%	36.4%	65.8%
석사		9.5%	48.5%	26.3%
박사		2.4%	15.2%	7.9%

〈표 175〉 학위별 이민세대분류

학위 \ 이민세대	1세	1.5세	2세	3세	전체
학사	50.0%	63.5%	100.0%	100.0%	64.3%
석사	27.8%	25.9%			24.1%
박사	22.2%	10.6%			11.6%

〈표 176〉 학위별 결혼여부분류

학위 \ 결혼여부	기혼	미혼	전체
학사	59.0%	78.8%	64.9%
석사	28.2%	12.1%	23.4%
박사	12.8%	9.1%	11.7%

〈표 177〉 학위별 연령분류

학위＼연령	20대 이하	30대	40대	50대 이상	전체
학사	84.2%	54.5%	65.6%	65.0%	64.3%
석사	5.3%	40.9%	12.5%	25.0%	24.3%
박사	10.5%	4.5%	21.9%	10.0%	11.3%

〈표 178〉 학력별 국가분류

학력＼국가	파라과이	멕시코	아르헨티나	브라질	전체
고졸	5.0%	20.0%	2.5%		3.3%
전문대졸	15.0%		2.5%	3.8%	5.5%
대졸	45.0%	40.0%	62.5%	42.3%	51.6%
대학원이상	35.0%	40.0%	32.5%	53.8%	39.6%

〈표 179〉 학력별 성분류

학력＼성	남	여	전체
고졸	5.0%		3.3%
전문대졸	3.3%	9.7%	5.5%
대졸	48.3%	58.1%	51.6%
대학원이상	43.3%	32.3%	39.6%

〈표 180〉 학력별 직업분류

학력＼직업	법조인	정계	의료인	학자	문화예술인	기타	전체
고졸		50.0%	2.9%			6.7%	4.1%
전문대졸			2.9%		16.7%	6.7%	4.1%
대졸	75.0%		44.1%	44.4%	50.0%	60.0%	50.0%
대학원이상	25.0%	50.0%	50.0%	55.6%	33.3%	26.7%	41.9%

〈표 181〉 학력별 이민세대분류

이민세대 / 학력	1세	1.5세	2세	3세	전체
고졸	7.1%	1.5%			2.2%
전문대졸		7.4%			5.6%
대졸	42.9%	48.5%	100.0%	100.0%	51.7%
대학원이상	50.0%	42.6%			40.4%

〈표 182〉 학력별 결혼여부분류

결혼여부 / 학력	기혼	미혼	전체
고졸	3.3%	4.0%	3.5%
전문대졸	3.3%	8.0%	4.7%
대졸	47.5%	56.0%	50.0%
대학원이상	45.9%	32.0%	41.9%

〈표 183〉 학력별 연령분류

연령 / 학력	20대 이하	30대	40대	50대 이상	전체
고졸		2.6%	5.0%	5.0%	3.3%
전문대졸	7.7%	7.9%	5.0%		5.5%
대졸	69.2%	47.4%	60.0%	40.0%	51.6%
대학원이상	23.1%	42.1%	30.0%	55.0%	39.6%

〈표 184〉 거주자격별 국가분류

거주자격 \ 국가	파라과이	멕시코	아르헨티나	브라질	전체
영주권	90.5%	33.3%	83.3%	41.3%	65.2%
시민권	9.5%	66.7%	16.7%	58.7%	34.8%

〈표 185〉 거주자격별 성분류

거주자격 \ 성	남	여	전체
영주권	63.2%	69.2%	65.2%
시민권	36.8%	30.8%	34.8%

〈표 186〉 거주자격별 직업분류

거주자격 \ 직업	법조인	정계	의료인	학자	문화예술인	기타	전체
영주권	29.4%	16.7%	64.7%	64.3%	100.0%	82.4%	61.1%
시민권	70.6%	83.3%	35.3%	35.7%		17.6%	38.9%

〈표 187〉 거주자격별 학력분류

거주자격 \ 학력	고졸	전문대졸	대졸	대학원이상	전체
영주권	100.0%	100.0%	70.7%	78.1%	76.3%
시민권			29.3%	21.9%	23.8%

〈표 188〉 거주자격별 이민세대분류

이민세대 / 거주자격	1세	1.5세	2세	3세	전체
영주권	70.6%	67.8%	66.7%		66.4%
시민권	29.4%	32.2%	33.3%	100.0%	33.6%

〈표 189〉 거주자격별 결혼여부분류

결혼여부 / 거주자격	기혼	미혼	전체
영주권	59.7%	81.3%	66.1%
시민권	40.3%	18.8%	33.9%

〈표 190〉 거주자격별 연령분류

연령 / 거주자격	20대 이하	30대	40대	50대 이상	전체
영주권	68.8%	77.8%	57.6%	50.0%	65.8%
시민권	31.3%	22.2%	42.4%	50.0%	34.2%

〈표 191〉 이민세대별 국가분류

국가 / 이민세대	파라과이	멕시코	아르헨티나	브라질	전체
1세	13.6%	25.0%	4.8%	26.7%	14.5%
1.5세	81.8%	25.0%	85.7%	73.3%	77.5%
2세	4.5%		9.5%		5.1%
3세		50.0%			2.9%

〈표 192〉 이민세대별 성분류

성 / 이민세대	남	여	전체
1세	18.6%	7.7%	14.5%
1.5세	76.7%	78.8%	77.5%
2세	1.2%	11.5%	5.1%
3세	3.5%	1.9%	2.9%

〈표 193〉 이민세대별 직업분류

직업 / 이민세대	법조인	정계	의료인	학자	문화예술인	기타	전체
1세	12.5%	16.7%	14.6%	22.2%	12.5%	13.6%	15.3%
1.5세	81.3%	83.3%	80.5%	77.8%	87.5%	81.8%	81.1%
2세	6.3%		4.9%				2.7%
3세						4.5%	0.9%

〈표 194〉 이민세대별 학력분류

학력 / 이민세대	고졸	전문대졸	대졸	대학원이상	전체
1세	50.0%		13.0%	19.4%	15.7%
1.5세	50.0%	100.0%	71.7%	80.6%	76.4%
2세			10.9%		5.6%
3세			4.3%		2.2%

〈표 195〉 이민세대별 결혼여부분류

결혼여부 / 이민세대	기혼	미혼	전체
1세	21.3%	2.4%	15.3%
1.5세	74.2%	81.0%	76.3%
2세		16.7%	5.3%
3세	4.5%		3.1%

〈표 196〉 이민세대별 연령분류

연령 / 이민세대	20대 이하	30대	40대	50대 이상	전체
1세	4.0%	7.7%	13.2%	45.5%	14.6%
1.5세	72.0%	90.4%	84.2%	45.5%	78.1%
2세	24.0%	1.9%			5.1%
3세			2.6%	9.1%	2.2%

〈표 197〉 최초 이민국별 국가분류

국가 / 최초이민국	파라과이	멕시코	아르헨티나	브라질	전체
파라과이	95.2%		11.1%	15.2%	26.0%
멕시코		83.3%			3.9%
아르헨티나		16.7%	83.3%		36.2%
브라질				82.6%	29.9%
우루과이	4.8%				0.8%
볼리비아			1.9%		0.8%
도미니카				2.2%	0.8%
캐나다			1.9%		0.8%
사우디			1.9%		0.8%

〈표 198〉 최초 이민국별 성분류

최초이민국 \ 성	남	여	전체
파라과이	28.9%	20.5%	26.0%
멕시코	6.0%		3.9%
아르헨티나	28.9%	50.0%	36.2%
브라질	33.7%	22.7%	29.9%
우루과이	1.2%		0.8%
볼리비아	1.2%		0.8%
도미니카		2.3%	0.8%
캐나다		2.3%	0.8%
사우디		2.3%	0.8%

〈표 199〉 최초 이민국별 직업분류

최초이민국 \ 직업	법조인	정계	의료인	학자	문화예술인	기타	전체
파라과이	11.8%	50.0%	22.5%	33.3%	37.5%	27.8%	26.2%
멕시코	5.9%		7.5%				3.7%
아르헨티나	29.4%		42.5%	11.1%	25.0%	61.1%	34.6%
브라질	47.1%	50.0%	22.5%	50.0%	37.5%	5.6%	30.8%
우루과이			2.5%				0.9%
볼리비아			2.5%				0.9%
도미니카	5.9%						0.9%
캐나다						5.6%	0.9%
사우디				5.6%			0.9%

〈표 200〉 최초 이민국별 학력분류

최초이민국 \ 학력	고졸	전문대졸	대졸	대학원이상	전체
파라과이	33.3%	80.0%	31.6%	19.4%	29.3%
멕시코	33.3%		2.6%	5.6%	4.9%
아르헨티나	33.3%	20.0%	39.5%	33.3%	35.4%
브라질			23.7%	36.1%	26.8%
우루과이				2.8%	1.2%
볼리비아				2.8%	1.2%
사우디			2.6%		1.2%

〈표 201〉 최초 이민국별 이민세대분류

최초이민국 \ 이민세대	1세	1.5세	3세	전체
파라과이	16.7%	27.9%		26.0%
멕시코	5.6%	1.9%	100.0%	3.3%
아르헨티나	16.7%	40.4%		36.6%
브라질	61.1%	26.0%		30.9%
우루과이		1.0%		0.8%
볼리비아		1.0%		0.8%
캐나다		1.0%		0.8%
사우디		1.0%		0.8%

〈표 202〉 최초 이민국별 결혼여부분류

최초이민국 \ 결혼여부	기혼	미혼	전체
파라과이	18.6%	38.2%	24.2%
멕시코	3.5%	5.9%	4.2%
아르헨티나	33.7%	41.2%	35.8%
브라질	40.7%	8.8%	31.7%
우루과이	1.2%		0.8%
볼리비아	1.2%		0.8%
도미니카		2.9%	0.8%
캐나다		2.9%	0.8%
사우디	1.2%		0.8%

〈표 203〉 최초 이민국별 연령분류

최초이민국 \ 연령	20대 이하	30대	40대	50대 이상	전체
파라과이	22.2%	34.0%	29.7%	4.5%	26.0%
멕시코	11.1%			13.6%	3.9%
아르헨티나	50.0%	42.0%	29.7%	22.7%	36.2%
브라질	5.6%	18.0%	40.5%	59.1%	29.9%
우루과이		2.0%			0.8%
볼리비아		2.0%			0.8%
도미니카	5.6%				0.8%
캐나다		2.0%			0.8%
사우디	5.6%				0.8%

〈표 204〉 최초 이민년도별 국가분류

국가 최초이민년도	파라과이	멕시코	아르헨티나	브라질	전체
1969년 이전			7.4%	29.2%	14.1%
70년대	52.4%		38.9%	52.1%	44.5%
80년대	42.9%	20.0%	50.0%	16.7%	35.2%
90년대		40.0%	3.7%	2.1%	3.9%
2000년 이후	4.8%	40.0%			2.3%

〈표 205〉 최초 이민년도별 성분류

성 최초이민년도	남	여	전체
1969년 이전	19.3%	4.4%	14.1%
70년대	49.4%	35.6%	44.5%
80년대	26.5%	51.1%	35.2%
90년대	2.4%	6.7%	3.9%
2000년 이후	2.4%	2.2%	2.3%

〈표 206〉 최초 이민년도별 직업분류

직업 최초이민년도	법조인	정계	의료인	학자	문화예술인	기타	전체
1969년 이전		33.3%	17.1%	29.4%		5.0%	13.8%
70년대	58.8%	66.7%	46.3%	41.2%	12.5%	40.0%	45.0%
80년대	41.2%		26.8%	17.6%	87.5%	55.0%	35.8%
90년대			4.9%	5.9%			2.8%
2000년 이후			4.9%	5.9%			2.8%

〈표 207〉 최초 이민년도별 학력분류

최초이민년도 \ 학력	고졸	전문대졸	대졸	대학원이상	전체
1969년 이전			10.0%	19.4%	13.1%
70년대	33.3%	40.0%	42.5%	41.7%	41.7%
80년대	33.3%	60.0%	42.5%	33.3%	39.3%
90년대			2.5%	2.8%	2.4%
2000년 이후	33.3%		2.5%	2.8%	3.6%

〈표 208〉 최초 이민년도별 이민세대분류

최초이민년도 \ 이민세대	1세	1.5세	전체
1969년 이전	26.3%	11.5%	13.8%
70년대	31.6%	47.1%	44.7%
80년대	21.1%	38.5%	35.8%
90년대	10.5%	2.9%	4.1%
2000년 이후	10.5%		1.6%

〈표 209〉 최초 이민년도별 결혼여부분류

최초이민년도 \ 결혼여부	기혼	미혼	전체
1969년 이전	19.3%	3.0%	14.9%
70년대	51.1%	27.3%	44.6%
80년대	22.7%	63.6%	33.9%
90년대	3.4%	6.1%	4.1%
2000년 이후	3.4%		2.5%

〈표 210〉 최초이민년도별 연령분류

최초이민년도 \ 연령	20대 이하	30대	40대	50대 이상	전체
1969년 이전			20.5%	47.6%	14.1%
70년대	6.3%	44.2%	69.2%	28.6%	44.5%
80년대	81.3%	51.9%	7.7%	9.5%	35.2%
90년대	12.5%	1.9%	2.6%	4.8%	3.9%
2000년 이후		1.9%		9.5%	2.3%

〈표 211〉 최초 이민년도 * 결혼 여부 평균

결혼 여부	최초이민년도
기혼	1976.45
미혼	1982.73
전체	1978.17

〈표 212〉 최초 이민년도 * 국가 평균

국가	최초이민년도
파라과이	1981.43
멕시코	1994.40
아르헨티나	1980.26
브라질	1973.33
전체	1978.41

〈표 213〉 최초 이민년도 * 학력 평균

학력	최초이민년도
고졸	1987.00
전문대졸	1982.00
대졸	1979.35
대학원이상	1977.33
전체	1978.92

〈표 214〉 최초 이민년도 * 성별 평균

성별	최초이민년도
남	1976.78
여	1981.40
전체	1978.41

〈표 215〉 최초 이민년도 * 이민세대 평균

이민세대	최초이민년도
1세	1979.05
1.5세	1978.22
전체	1978.35

〈표 216〉 최초 이민년도 * 직업 평균

직업	최초이민년도
법조인	1978.59
정계	1971.50
의료인	1977.93
학자	1976.29
문화예술인	1984.62
기타	1980.75
전체	1978.43

〈표 217〉 최초 이민년도 * 연령 평균

연령	최초이민년도
20대 이하	1986.06
30대	1981.42
40대	1973.64
50대 이상	1973.95
전체	1978.41

〈표 218〉 출생지별 국가분류

국가 / 출생지	파라과이	멕시코	아르헨티나	브라질	전체
파라과이	4.5%		1.6%		1.4%
멕시코		37.5%			2.1%
아르헨티나	4.5%		12.5%		6.3%
한국	90.9%	62.5%	84.4%	97.9%	88.7%
북한				2.1%	0.7%
캐나다			1.6%		0.7%

〈표 219〉 출생지별 성분류

출생지 \ 성	남	여	전체
파라과이	1.1%	1.9%	1.4%
멕시코	2.3%	1.9%	2.1%
아르헨티나	3.4%	11.1%	6.3%
한국	92.0%	83.3%	88.7%
북한	1.1%		0.7%
캐나다		1.9%	0.7%

〈표 220〉 출생지별 직업분류

출생지 \ 직업	법조인	정계	의료인	학자	문화예술인	기타	전체
파라과이			2.3%				0.9%
멕시코						4.5%	0.9%
아르헨티나	5.6%		4.5%	5.6%		4.5%	4.3%
한국	94.4%	100.0%	93.2%	94.4%	100.0%	81.8%	92.2%
북한						4.5%	0.9%
캐나다						4.5%	0.9%

〈표 221〉 출생지별 학력분류

출생지 \ 학력	고졸	전문대졸	대졸	대학원이상	전체
파라과이			2.1%		1.1%
멕시코			4.3%		2.2%
아르헨티나		20.0%	8.5%		5.5%
한국	100.0%	80.0%	85.1%	100.0%	91.2%

〈표 222〉 출생지별 이민세대분류

출생지 \ 이민세대	1세	1.5세	2세	3세	전체
파라과이		0.9%	14.3%		1.5%
멕시코				100.0%	2.2%
아르헨티나		2.8%	85.7%		6.6%
한국	95.0%	95.3%			88.3%
북한	5.0%				0.7%
캐나다		0.9%			0.7%

〈표 223〉 출생지별 결혼여부분류

출생지 \ 결혼여부	기혼	미혼	전체
파라과이		4.5%	1.5%
멕시코	3.3%		2.2%
아르헨티나	1.1%	18.2%	6.7%
한국	94.5%	75.0%	88.1%
북한	1.1%		0.7%
캐나다		2.3%	0.7%

〈표 224〉 출생지별 연령분류

출생지 \ 연령	20대 이하	30대	40대	50대 이상	전체
파라과이	7.7%				1.4%
멕시코				8.7%	1.4%
아르헨티나	26.9%	1.9%	2.6%		6.4%
한국	65.4%	96.2%	97.4%	87.0%	89.4%
북한				4.3%	0.7%
캐나다		1.9%			0.7%

〈표 225〉 동거가족수 * 국가 평균

국가	동거가족수
멕시코	3.29
아르헨티나	3.81
브라질	3.29
전체	3.57

〈표 226〉 동거가족수 * 결혼 여부 평균

결혼 여부	동거가족수
기혼	3.71
미혼	3.18
전체	3.57

〈표 227〉 동거가족수 * 성별 평균

성별	동거가족수
남	3.66
여	3.43
전체	3.57

〈표 228〉 동거가족수 * 직업 평균

직업	동거가족수
법조인	2.67
정계	3.20
의료인	3.58
학자	4.07
문화예술인	3.17
기타	4.20
전체	3.53

〈표 229〉 동거가족수 * 연령 평균

연령	동거가족수
20대 이하	2.81
30대	3.60
40대	4.03
50대 이상	3.52
전체	3.57

〈표 230〉 동거가족수 * 학력 평균

학력	동거가족수
고졸	2.50
전문대졸	5.00
대졸	3.58
대학원이상	3.89
전체	3.72

〈표 231〉 동거가족수 * 이민세대 평균

이민세대	동거가족수
1세	3.38
1.5세	3.69
2세	2.80
3세	4.50
전체	3.62

국가별 기본데이터

1 이민

〈표 232〉 이민이유

	국가				전체
	파라과이	멕시코	아르헨티나	브라질	
경제적 이유	4.5%	23.1%	7.8%	8.1%	8.6%
자녀교육		23.1%	10.4%	8.1%	9.1%
한국이 싫어서		7.7%	2.6%	2.7%	2.7%
장래에 대한 불안			10.4%	13.5%	9.7%
부모의 선택	72.7%	30.8%	63.6%	47.3%	55.9%
정치사회적 이유	9.1%		2.6%	8.1%	5.4%
동료, 친구의 권유	4.5%	7.7%	2.6%	5.4%	4.3%
기타	9.1%	7.7%		6.8%	4.3%

〈표 233〉 거주국 선택이유

	국가				전체
	파라과이	멕시코	아르헨티나	브라질	
경제적 이유		16.7%	2.0%		1.7%
자녀교육문제해결				37.8%	14.2%
연고자 거주, 초청	10.5%	16.7%	14.0%	8.9%	11.7%
수월한 이민절차	5.3%		2.0%	6.7%	4.2%
외국동경실현	10.5%		2.0%	8.9%	5.8%
부모의 선택	73.7%	33.3%	78.0%	31.1%	57.5%
현지한인거주규모		33.3%	2.0%		2.5%
기타				6.7%	2.5%

〈표 234〉 거주국 생활만족도

	국가				전체
	파라과이	멕시코	아르헨티나	브라질	
매우 불만족	4.8%		1.8%		1.5%
불만족	4.8%		5.3%	9.3%	6.2%
보통	47.6%	44.4%	19.3%	14.0%	23.8%
만족	28.6%	44.4%	54.4%	39.5%	44.6%
매우 만족	14.3%	11.1%	19.3%	37.2%	23.8%

〈표 235〉 거주국 생활만족도 (만점: 5.0점)

국가	거주국 생활만족도
파라과이	3.43
멕시코	3.67
아르헨티나	3.84
브라질	4.05
전체	3.83

〈표 236〉 거주국 생활 불만족 이유

	국가				전체
	파라과이	멕시코	아르헨티나	브라질	
경제적 문제	16.7%		12.5%	6.9%	9.6%
자녀교육	16.7%		6.3%	6.9%	7.7%
사회적 신분	16.7%		12.5%	6.9%	9.6%
현지문화 부적응			6.3%		1.9%
이민당시 생각과의 차이		100.0%	6.3%	6.9%	7.7%
거주국의 사회환경	16.7%		25.0%	31.0%	26.9%
거주국의 정치	33.3%		25.0%	31.0%	28.8%
기타			6.3%	10.3%	7.7%

〈표 237〉 거주국 생활 만족 이유

	국가				전체
	파라과이	멕시코	아르헨티나	브라질	
경제적 성공		23.1%	14.2%	20.0%	16.0%
자녀교육문제 해결	7.7%	23.1%	16.0%	8.8%	13.2%
사회적 신분상승	23.1%	23.1%	20.8%	18.8%	20.3%
외국동경실현	7.7%		4.7%	1.3%	3.3%
현지사회에 대한 친밀감	46.2%	15.4%	33.0%	36.3%	34.0%
이민 당시 꿈 성취	7.7%	15.4%	2.8%	11.3%	7.1%
기타	7.7%		8.5%	3.8%	6.1%

〈표 238〉 타국으로 재이민 의향

	국가				전체
	파라과이	멕시코	아르헨티나	브라질	
있음	31.6%		18.0%	14.9%	17.6%
없음	68.4%	100.0%	82.0%	85.1%	82.4%

〈표 239〉 재이민 의도국가

	국가				전체
	파라과이	멕시코	아르헨티나	브라질	
미국	75.0%		60.0%	14.3%	45.5%
한국		100.0%		28.6%	13.6%
캐나다			10.0%	42.9%	18.2%
유럽			30.0%	14.3%	18.2%
호주	25.0%				4.5%

〈표 240〉 재이민 희망 이유

	국가			전체
	파라과이	아르헨티나	브라질	
경제적 이유	40.0%	10.0%		13.0%
자녀교육문제 해결		30.0%	62.5%	34.8%
연고자 거주, 초청		10.0%		4.3%
외국동경의 실현	20.0%	40.0%		21.7%
부모로부터 독립	20.0%			4.3%
결혼	20.0%			4.3%
기타		10.0%	37.5%	17.4%

〈표 241〉 역이민 의향

	국가				전체
	파라과이	멕시코	아르헨티나	브라질	
있음	11.1%	14.3%	18.9%	10.9%	14.5%
없음	88.9%	85.7%	81.1%	89.1%	85.5%

〈표 242〉 역이민 희망이유

	국가				전체
	파라과이	멕시코	아르헨티나	브라질	
자녀교육문제 해결			10.0%		5.9%
고향이 그리워서	50.0%		30.0%	50.0%	35.3%
결혼	50.0%				5.9%
노후생활을 위해		100.0%	10.0%	50.0%	23.5%
거주국 생활이 지겨워서			10.0%		5.9%
기타			40.0%		23.5%

2 현지 정착 및 적응

〈표 243〉 거주국 정착후 경과년도

	국가				전체
	파라과이	멕시코	아르헨티나	브라질	
10년 이하	5.3%	60.0%			3.0%
11-20년	26.3%	20.0%	39.3%	14.9%	28.0%
21-30년	68.4%		41.0%	19.1%	35.6%
31-40년			18.0%	55.3%	28.0%
41년 이상		20.0%	1.6%	10.6%	5.3%

〈표 244〉 거주국 정착후 경과년도 * 국가 평균

국가	거주국 정착후 경과년도
파라과이	23.47
멕시코	14.60
아르헨티나	25.16
브라질	31.85
전체	26.90

〈표 245〉 거주국 정착시 어려움

	국가				전체
	파라과이	멕시코	아르헨티나	브라질	
언어문제	50.0%	33.3%	45.1%	41.3%	43.7%
문화차이	31.3%		21.6%	15.2%	19.3%
경제문제	12.5%		9.8%	15.2%	11.8%
인간관계			5.9%	10.9%	6.7%
관공서 일처리		33.3%	9.8%	6.5%	8.4%
교육문제	6.3%		2.0%	4.3%	3.4%
기타		33.3%	5.9%	6.5%	6.7%

〈표 246〉 정착 초기 피도움 경험 유무

	국가				전체
	파라과이	멕시코	아르헨티나	브라질	
있음	62.5%	22.2%	50.9%	59.6%	53.5%
없음	37.5%	77.8%	49.1%	40.4%	46.5%

〈표 247〉 피도움 대상

	국가				전체
	파라과이	멕시코	아르헨티나	브라질	
친인척	44.4%		29.0%	23.3%	27.8%
친구	11.1%		32.3%	23.3%	25.0%
동창/향우회	11.1%		3.2%		2.8%
한인회	11.1%			3.3%	2.8%
종교단체	11.1%	50.0%	19.4%	23.3%	20.8%
대사관		50.0%		3.3%	2.8%
현지인	11.1%		12.9%	13.3%	12.5%
현지기관				6.7%	2.8%
기타			3.2%	3.3%	2.8%

〈표 248〉 피도움 부문

	국가				전체
	파라과이	멕시코	아르헨티나	브라질	
집구하기	28.6%	50.0%	14.3%	17.2%	18.2%
자녀교육				10.3%	4.5%
종교활동			7.1%	6.9%	6.1%
경제활동	28.6%	50.0%	21.4%	31.0%	27.3%
이민등록			3.6%	13.8%	7.6%
인간관계	28.6%		50.0%	13.8%	30.3%
기타	14.3%		3.6%	6.9%	6.1%

〈표 249〉 한국인 차별 경험정도

	국가				전체
	파라과이	멕시코	아르헨티나	브라질	
전혀 없다	15.8%	44.4%	1.7%	31.9%	17.0%
별로 없다	10.5%	11.1%	21.7%	44.7%	27.4%
보통	31.6%	33.3%	43.3%	8.5%	28.9%
약간 있다	36.8%	11.1%	30.0%	14.9%	24.4%
매우 많다	5.3%		3.3%		2.2%

〈표 250〉 한국인 차별경험정도 * 국가 평균

국가	한국인 차별경험정도
파라과이	3.05
멕시코	2.11
아르헨티나	3.12
브라질	2.06
전체	2.67

〈표 251〉 한국인 피차별 이유

	국가				전체
	파라과이	멕시코	아르헨티나	브라질	
피부색	17.6%	16.7%	22.7%	5.0%	17.2%
출신국가	11.8%		11.4%	20.0%	12.6%
언어소통문제	23.5%	33.3%	11.4%	30.0%	19.5%
문화차이	35.3%	33.3%	36.4%	40.0%	36.8%
경쟁관계	5.9%		13.6%	5.0%	9.2%
잘난체해서	5.9%	16.7%	4.5%		4.6%

〈표 252〉 한국인 피차별 영역

	국가				전체
	파라과이	멕시코	아르헨티나	브라질	
직장	15.4%		7.0%	7.1%	8.1%
학교		50.0%	44.2%	21.4%	32.4%
관공서	23.1%	50.0%	23.3%	7.1%	21.6%
이웃관계	23.1%		9.3%	14.3%	12.2%
모든 영역	30.8%		11.6%	50.0%	21.6%
기타	7.7%		4.7%		4.1%

〈표 253〉 월 현지인과의 모임 횟수

	국가				전체
	파라과이	멕시코	아르헨티나	브라질	
0회	10.0%	12.5%	11.8%	6.4%	9.5%
1회			13.7%	6.4%	7.9%
2회	10.0%	12.5%	2.0%		3.2%
3회			13.7%	4.3%	7.1%
4회 이상	80.0%	75.0%	58.8%	83.0%	72.2%

〈표 254〉 현지인과 모임을 가지지 않는 이유

	국가				전체
	파라과이	멕시코	아르헨티나	브라질	
말이 안통해서	33.3%		11.1%	16.7%	15.8%
현지문화가 안 맞아서			22.2%		10.5%
현지인이 싫어서			11.1%		5.3%
현지 문화 몰라서			11.1%		5.3%
현지인과 어울리기 싫어서			11.1%		5.3%
기회가 없어서	66.7%	100.0%	33.3%	66.7%	52.6%
기타				16.7%	5.3%

〈표 255〉 현지인과 모임을 갖는 이유

	국가				전체
	파라과이	멕시코	아르헨티나	브라질	
직업과 관련	50.0%	57.1%	40.2%	42.7%	43.1%
현지문화적응 위해	3.6%		8.0%	8.5%	7.4%
자녀교육 때문에			5.7%	1.2%	2.9%
사교	17.9%		13.8%	20.7%	16.7%
거주국 국민이기 때문	7.1%		3.4%	4.9%	4.4%
친구가 많아서	17.9%	42.9%	27.6%	19.5%	23.5%
기타	3.6%		1.1%	2.4%	2.0%

〈표 256〉 거주국 문화 향유 정도: 전통축제, 음식문화, 춤/노래, 기념일 * 국가 평균

국가	전통축제	음식문화	춤/노래	기념일
파라과이	3.48	4.00	3.32	3.53
멕시코	3.56	3.56	3.63	3.50
아르헨티나	3.51	4.12	3.46	3.35
브라질	3.25	4.22	3.50	3.30
전체	3.42	4.10	3.46	3.37

〈표 257〉 거주국 생활시 어려움

	국가				전체
	파라과이	멕시코	아르헨티나	브라질	
문화차이	60.0%	14.3%	34.2%	16.7%	29.4%
언어소통문제	10.0%	14.3%	21.1%	16.7%	17.6%
사회정치적 불안	20.0%	28.6%	18.4%	30.0%	23.5%
경제문제			13.2%	10.0%	9.4%
교육			5.3%	10.0%	5.9%
정체성문제	10.0%			3.3%	2.4%
인종차별			5.3%	3.3%	3.5%
기타		42.9%	2.6%	10.0%	8.2%

〈표 258〉 현지적응 도움 정도 * 국가 평균 (만점: 5.0점)

국가	한국 교육	거주국 교육	제3국 교육
파라과이	3.50	4.33	4.00
멕시코	3.25	4.80	5.00
아르헨티나	3.20	4.50	2.75
브라질	3.32	4.61	3.50
전체	3.30	4.52	3.40

3 교육

〈표 259〉 거주국 자녀교육 만족도

	국가				전체
	파라과이	멕시코	아르헨티나	브라질	
매우 불만족			2.8%	2.4%	2.2%
불만족	11.1%		13.9%	9.8%	10.8%
보통	33.3%		27.8%	39.0%	31.2%
만족	55.6%	57.1%	33.3%	41.5%	40.9%
매우 만족		42.9%	22.2%	7.3%	15.1%

〈표 260〉 거주국 자녀교육 만족도 (만점: 5.0점)

국가	거주국 자녀교육 만족도
파라과이	3.44
멕시코	4.43
아르헨티나	3.58
브라질	3.41
전체	3.56

〈표 261〉 거주국 자녀교육 불만족 이유

	국가			전체
	파라과이	아르헨티나	브라질	
열악한 교육환경	100.0%		20.0%	20.0%
정체성 혼란		25.0%	40.0%	30.0%
한국 교육과의 차이			20.0%	10.0%
불투명한 미래		50.0%		20.0%
기타		25.0%	20.0%	20.0%

〈표 262〉 거주국 자녀교육 만족 이유

	국가				전체
	파라과이	멕시코	아르헨티나	브라질	
자유로운 교육환경	33.3%	25.0%	45.5%	25.0%	33.3%
외국어 교육			18.2%		6.7%
무상교육	33.3%		9.1%	25.0%	16.7%
높은 교육수준		50.0%	9.1%	25.0%	20.0%
교육내용	33.3%		9.1%	16.7%	13.3%
기타		25.0%	9.1%	8.3%	10.0%

〈표 263〉 타국에서 자녀교육 의도

	국가				전체
	파라과이	멕시코	아르헨티나	브라질	
있음	61.5%	40.0%	64.4%	66.7%	63.9%
없음	38.5%	60.0%	35.6%	33.3%	36.1%

〈표 264〉 자녀교육 의도국가

	국가				전체
	파라과이	멕시코	아르헨티나	브라질	
미국	62.5%	33.3%	62.5%	58.3%	59.3%
한국	25.0%	33.3%	12.5%	12.5%	15.3%
캐나다			4.2%	12.5%	6.8%
영국		33.3%		8.3%	5.1%
노르웨이				4.2%	1.7%
독일			4.2%		1.7%
브라질	12.5%				1.7%
유럽			8.3%	4.2%	5.1%
기타			8.3%		3.4%

〈표 265〉 타국에서 자녀교육 의도 이유

	국가				전체
	파라과이	멕시코	아르헨티나	브라질	
교육환경 때문	55.6%		29.6%	31.0%	32.8%
친인척의 거주				3.4%	1.5%
전문지식 습득	44.4%	100.0%	40.7%	24.1%	35.8%
사회적 성공, 인맥 형성			22.2%	24.1%	19.4%
기타			7.4%	17.2%	10.4%

4 한인정체성과 공동체 활동

〈표 266〉 한국어 구사능력 정도

	국가				전체
	파라과이	멕시코	아르헨티나	브라질	
전혀 못함		44.4%		2.1%	3.6%
못하는 편	14.3%	11.1%	8.2%	4.2%	7.9%
보통	42.9%		36.1%	25.0%	30.9%
잘하는 편	19.0%	11.1%	34.4%	39.6%	32.4%
매우 잘함	23.8%	33.3%	21.3%	29.2%	25.2%

〈표 267〉 한국어 구사능력 정도 (만점: 5.0점)

국가	한국어 구사능력 정도
파라과이	3.52
멕시코	2.78
아르헨티나	3.69
브라질	3.90
전체	3.68

〈표 268〉 본인의 한국인 정체성

	국가				전체
	파라과이	멕시코	아르헨티나	브라질	
한국인이다	95.0%	88.9%	96.7%	93.6%	94.9%
한국인이 아니다	5.0%	11.1%	3.3%	6.4%	5.1%

〈표 269〉 한국인 정체성 인지 이유

	국가				전체
	파라과이	멕시코	아르헨티나	브라질	
한국인이기 때문	55.6%	60.0%	31.0%	21.4%	32.1%
한국태생이기 때문	11.1%		26.2%	35.7%	26.2%
부모 가족 때문	11.1%	20.0%	16.7%	17.9%	16.7%
교육 때문	11.1%	20.0%	4.8%	3.6%	6.0%
한국문화를 즐기기 때문	11.1%		14.3%	14.3%	13.1%
기타			7.1%	7.1%	6.0%

〈표 270〉 한국인이라고 생각하는 것에 대한 영향 요인

	국가				전체
	파라과이	멕시코	아르헨티나	브라질	
스스로의 노력	11.4%	10.0%	8.7%	6.5%	8.4%
가정교육	34.3%	20.0%	27.9%	32.5%	30.1%
한국에서의 교육	8.6%	10.0%	7.7%	14.3%	10.2%
한글학교교육	2.9%		1.0%	2.6%	1.8%
거주국의 한국인과의 교류	8.6%		16.3%	10.4%	12.4%
한국인이기 때문	34.3%	40.0%	37.5%	31.2%	35.0%
기타		20.0%	1.0%	2.6%	2.2%

〈표 271〉 한국인 정체성 미인지 이유

	국가			전체
	파라과이	아르헨티나	브라질	
현지태생이기 때문		50.0%	66.7%	50.0%
현지문화를 즐기기 때문	100.0%			16.7%
국적이 아니기 때문			33.3%	16.7%
이중정체성		50.0%		16.7%

〈표 272〉 거주국에서의 한국관련 교육 경험 여부

	국가				전체
	파라과이	멕시코	아르헨티나	브라질	
있음	52.6%	57.1%	38.3%	37.8%	41.2%
없음	47.4%	42.9%	61.7%	62.2%	58.8%

〈표 273〉 거주국에서의 한국관련 교육 경험 이유

	국가				전체
	파라과이	멕시코	아르헨티나	브라질	
한국인의 소양이기 때문	81.8%	25.0%	50.0%	35.0%	49.2%
부모의 권유	9.1%	25.0%	23.1%	30.0%	23.0%
직업상 필요해서			3.8%	10.0%	4.9%
한글학교에서 의무적 실시 때문				15.0%	4.9%
그냥 받아보고 싶어서	9.1%		19.2%	5.0%	11.5%
기타		50.0%	3.8%	5.0%	6.6%

〈표 274〉 거주국에서의 한국관련 교육 비경험 이유

	국가				전체
	파라과이	멕시코	아르헨티나	브라질	
시간이 없어서			13.9%	8.0%	10.4%
비용 때문에			2.8%	4.0%	3.0%
관심이 없어서			5.6%		3.0%
필요가 없어서	20.0%		13.9%	20.0%	16.4%
적절한 기회가 없어서	80.0%	100.0%	55.6%	60.0%	59.7%
기타			8.3%	8.0%	7.5%

〈표 275〉 월 한국인과의 모임 회수

	국가				전체
	파라과이	멕시코	아르헨티나	브라질	
0회	35.0%		3.4%	25.5%	15.6%
1회	15.0%	33.3%	11.9%	12.8%	14.1%
2회	10.0%	22.2%	6.8%	4.3%	7.4%
3회	5.0%		11.9%	8.5%	8.9%
4회 이상	35.0%	44.4%	66.1%	48.9%	54.1%

〈표 276〉 한인과 모임 갖지 않는 이유

	국가			전체
	파라과이	아르헨티나	브라질	
한인들이 싫어서	11.1%		8.3%	8.7%
필요성을 느끼지 못해	22.2%	100.0%	33.3%	34.8%
시간이 없어서	22.2%		16.7%	17.4%
현지인과 더 친해서	44.4%		16.7%	26.1%
기타			25.0%	13.0%

〈표 277〉 한인과 모임 갖는 이유

	국가				전체
	파라과이	멕시코	아르헨티나	브라질	
직업상	22.2%	14.3%	24.1%	25.0%	23.6%
사교를 위해	33.3%	14.3%	34.5%	34.4%	33.0%
자녀교육을 위해				9.4%	2.8%
종교활동을 위해	44.4%	42.9%	25.9%	9.4%	23.6%
기타		28.6%	15.5%	21.9%	17.0%

〈표 278〉 한인사회관련 정보습득 경로

	국가				전체
	파라과이	멕시코	아르헨티나	브라질	
한인신문	68.4%	25.0%	46.0%	25.5%	40.9%
한인회	5.3%	37.5%	6.3%	2.1%	6.6%
친목활동	5.3%		19.0%	19.1%	16.1%
종교활동		25.0%	19.0%	10.6%	13.9%
개인적 만남	21.1%			25.5%	11.7%
인터넷			6.3%	10.6%	6.6%
기타		12.5%	3.2%	6.4%	4.4%

〈표 279〉 한국문화 향유 정도 (만점: 5.0점)

국가	명절	제사	노래/춤	음식문화	한복	예의범절	국경일	한국TV 프로
파라과이	3.10	2.39	3.00	4.05	2.11	3.80	2.75	2.76
멕시코	3.11	1.75	2.57	3.78	2.75	3.67	2.75	2.44
아르헨티나	3.10	2.34	3.17	4.25	2.45	4.00	2.38	3.31
브라질	2.68	2.30	2.89	4.20	1.68	3.53	2.05	3.02
전체	2.96	2.29	3.02	4.17	2.16	3.79	2.35	3.07

5 거주국 사회 진출 및 통합

〈표 280〉 결혼 여부

	국가				전체
	파라과이	멕시코	아르헨티나	브라질	
기혼	40.0%	77.8%	58.3%	89.4%	67.6%
미혼	60.0%	22.2%	41.7%	10.6%	32.4%

〈표 281〉 배우자 국적

	국가				전체
	파라과이	멕시코	아르헨티나	브라질	
파라과이	37.5%				3.3%
멕시코		50.0%			3.3%
아르헨티나			2.8%		1.1%
브라질				28.6%	13.0%
한국	62.5%	50.0%	94.4%	71.4%	78.3%
우크라이나			2.8%		1.1%

〈표 282〉 자녀 배우자 현지인 고려 여부

	국가				전체
	파라과이	멕시코	아르헨티나	브라질	
고려함	22.2%	66.7%	37.1%	62.2%	48.3%
고려안함	22.2%	16.7%	40.0%	18.9%	27.6%
모르겠음	55.6%	16.7%	22.9%	18.9%	24.1%

〈표 283〉 현지인과 결혼 의향

	국가				전체
	파라과이	멕시코	아르헨티나	브라질	
있음	7.7%		20.0%		14.0%
없음	38.5%		60.0%	25.0%	48.8%
모르겠음	53.8%	100.0%	20.0%	75.0%	37.2%

〈표 284〉 현지인과의 결혼이 사회 진출 도움 여부

	국가				전체
	파라과이	멕시코	아르헨티나	브라질	
전혀 도움 안됨	5.6%	12.5%	8.5%	17.8%	11.5%
별로 도움 안됨	27.8%	25.0%	32.2%	28.9%	30.0%
보통	55.6%	25.0%	37.3%	26.7%	35.4%
약간 도움	11.1%	25.0%	15.3%	20.0%	16.9%
매우 도움		12.5%	6.8%	6.7%	6.2%

〈표 285〉 현지인과의 결혼이 사회 진출 도움 여부

(만점: 5.0점)

국가	현지인과의 결혼이 사회 진출 도움 여부
파라과이	2.72
멕시코	3.00
아르헨티나	2.80
브라질	2.69
전체	2.76

〈표 286〉 현지인과의 결혼이 사회 진출 도움 이유

	국가				전체
	파라과이	멕시코	아르헨티나	브라질	
언어문제해결	16.7%			5.9%	4.5%
현지인 친구 알게 됨	50.0%	33.3%	33.3%	23.5%	31.8%
영주권, 시민권			5.6%	5.9%	4.5%
경제활동의 자유	33.3%	33.3%	5.6%		9.1%
현지사회 정보획득			50.0%	41.2%	36.4%
기타		33.3%	5.6%	23.5%	13.6%

〈표 287〉 한국인임이 사회활동에 도움 여부

	국가				전체
	파라과이	멕시코	아르헨티나	브라질	
전혀 도움 안됨	4.8%		1.6%	6.5%	3.6%
별로 도움 안됨	14.3%	33.3%	13.1%	26.1%	19.0%
보통	52.4%	22.2%	26.2%	32.6%	32.1%
약간 도움	23.8%	33.3%	44.3%	19.6%	32.1%
매우 도움	4.8%	11.1%	14.8%	15.2%	13.1%

〈표 288〉 한국인임이 사회활동에 도움 여부 (만점: 5.0점)

국가	한국인임이 사회활동에 도움 여부
파라과이	3.10
멕시코	3.22
아르헨티나	3.57
브라질	3.11
전체	3.32

〈표 289〉 한국인임이 직업 활동에 애로 여부

	국가				전체
	파라과이	멕시코	아르헨티나	브라질	
전혀 없음	10.0%	55.6%	21.3%	43.8%	29.7%
별로 없음	55.0%	22.2%	27.9%	35.4%	34.1%
보통	30.0%	22.2%	32.8%	4.2%	21.7%
약간 있음			18.0%	12.5%	12.3%
매우 있음	5.0%			4.2%	2.2%

〈표 290〉 한국인임이 직업 활동에 애로 여부 (만점: 5.0점)

국가	한국인임이 직업활동에 애로 여부
파라과이	2.35
멕시코	1.67
아르헨티나	2.48
브라질	1.98
전체	2.23

〈표 291〉 한국인임이 직업활동에 애로 경험 이유

	국가			전체
	파라과이	아르헨티나	브라질	
인종적 이유		50.0%	50.0%	47.1%
문화적 이유		8.3%	25.0%	11.8%
언어적 이유		16.7%		11.8%
국가적 이유	100.0%		25.0%	11.8%
기타		25.0%		17.6%

〈표 292〉 직업상 애로사항 관련기관 도움요청 경험 여부

	국가				전체
	파라과이	멕시코	아르헨티나	브라질	
전혀 없음	38.1%	62.5%	35.2%	66.7%	48.9%
별로 없음	47.6%		50.0%	8.3%	31.3%
보통	9.5%		9.3%	8.3%	8.4%
많음	4.8%	25.0%	5.6%	16.7%	10.7%
매우 많음		12.5%			0.8%

〈표 293〉 직업상 애로사항 관련기관 도움요청 경험 여부 (만점: 5.0점)

국가	직업상 애로사항 관련기관 도움요청 경험 여부
파라과이	1.81
멕시코	2.25
아르헨티나	1.85
브라질	1.75
전체	1.83

〈표 294〉 직업상 애로사항 도움받은 관련기관

	국가				전체
	파라과이	멕시코	아르헨티나	브라질	
한인회	33.3%		38.5%	9.1%	23.3%
대사관	33.3%	33.3%	38.5%	18.2%	30.0%
무역관				9.1%	3.3%
거주국 직무관련단체			7.7%	36.4%	16.7%
거주국 국가관청	33.3%	66.7%	7.7%	27.3%	23.3%
기타			7.7%		3.3%

〈표 295〉 취업, 입학, 승진과 관련된 한국국적 포기 의도

	국가				전체
	파라과이	멕시코	아르헨티나	브라질	
포기하겠다	35.0%		18.0%	59.6%	35.2%
포기 않겠다	40.0%	50.0%	54.0%	10.6%	35.2%
모르겠다	25.0%	50.0%	22.0%	17.0%	22.4%
기타			6.0%	12.8%	7.2%

6 거주국 이민 정책과 한국정부의 정책

〈표 296〉 거주국 귀화정책 까다로움 정도

	국가				전체
	파라과이	멕시코	아르헨티나	브라질	
전혀 까다롭지 않음	15.8%		12.3%	10.6%	11.4%
별로 까다롭지 않음	10.5%	22.2%	28.1%	42.6%	30.3%
보통	36.8%	22.2%	42.1%	25.5%	34.1%
약간 까다로움	26.3%	44.4%	12.3%	21.3%	19.7%
매우 까다로움	10.5%	11.1%	5.3%		4.5%

〈표 297〉 거주국 귀화정책 까다로움 정도 (만점: 5.0점)

국가	거주국 귀화정책 까다로움 정도
파라과이	3.05
멕시코	3.44
아르헨티나	2.70
브라질	2.57
전체	2.76

〈표 298〉 한국정부 재외동포 정책의 한인위상 제고 정도

	국가				전체
	파라과이	멕시코	아르헨티나	브라질	
전혀 제고하지 않음	10.0%	22.2%	7.3%	15.9%	11.7%
거의 제고하지 않음	40.0%	44.4%	41.8%	50.0%	44.5%
보통	35.0%	22.2%	32.7%	18.2%	27.3%
약간 제고	15.0%	11.1%	18.2%	11.4%	14.8%
매우 제고				4.5%	1.6%

〈표 299〉 한국정부 재외동포 정책의 한인위상 제고 정도 (만점: 5.0점)

국가	한국정부 재외동포 정책의 한인위상 제고 정도
파라과이	2.55
멕시코	2.22
아르헨티나	2.62
브라질	2.39
전체	2.50

〈표 300〉 한국정부 재외동포 정책의 한인 정체성유지 도움 정도

	국가				전체
	파라과이	멕시코	아르헨티나	브라질	
전혀 도움되지 않음	10.0%	25.0%	8.6%	14.6%	11.9%
거의 도움되지 않음	25.0%	37.5%	25.9%	25.0%	26.1%
보통	40.0%	25.0%	29.3%	18.8%	26.9%
약간 도움	25.0%	12.5%	34.5%	25.0%	28.4%
매우 도움			1.7%	16.7%	6.7%

〈표 301〉 한국정부 재외동포 정책의 한인 정체성유지 도움 정도 (만점: 5.0점)

국가	한국정부 재외동포 정책의 한인 정체성유지 도움 정도
파라과이	2.80
멕시코	2.25
아르헨티나	2.95
브라질	3.04
전체	2.92

〈표 302〉 한국정부의 재외동포 요구사항 수용 정도

	국가				전체
	파라과이	멕시코	아르헨티나	브라질	
전혀 수용 안함	15.0%	22.2%	5.7%	9.3%	9.6%
거의 수용 안함	40.0%	33.3%	41.5%	48.8%	43.2%
보통	35.0%	44.4%	41.5%	27.9%	36.0%
약간 수용	10.0%		11.3%	11.6%	10.4%
매우 잘 수용				2.3%	0.8%

〈표 303〉 한국정부의 재외동포 요구사항 수용 정도 (만점: 5.0점)

국가	한국정부의 재외동포 요구사항 수용 정도
파라과이	2.40
멕시코	2.22
아르헨티나	2.58
브라질	2.49
전체	2.50

〈표 304〉 재외공관 담당자들의 동포들에 대한 서비스 정신 소유 정도

	국가				전체
	파라과이	멕시코	아르헨티나	브라질	
전혀 없음	5.3%	22.2%	7.1%	17.8%	11.6%
별로 없음	21.1%	11.1%	32.1%	20.0%	24.8%
보통	57.9%	22.2%	46.4%	26.7%	39.5%
약간 있음	15.8%	33.3%	14.3%	31.1%	21.7%
매우 있음		11.1%		4.4%	2.3%

〈표 305〉 재외공관 담당자들의 동포들에 대한 서비스 정신 소유 정도(만점: 5.0점)

국가	재외공관 담당자들의 동포들에 대한 서비스 정신 소유 정도
파라과이	2.84
멕시코	3.00
아르헨티나	2.68
브라질	2.84
전체	2.78

〈표 306〉 재외동포법 존재 인지도

	국가				전체
	파라과이	멕시코	아르헨티나	브라질	
안다	55.0%	14.3%	21.7%	40.4%	32.8%
모른다	45.0%	85.7%	78.3%	59.6%	67.2%

〈표 307〉 재외동포정책 중요도 - 이중국적 허용

	국가				전체
	파라과이	멕시코	아르헨티나	브라질	
전혀 중요하지 않음			7.0%		3.1%
별로 중요하지 않음	5.0%		10.5%		5.4%
보통	20.0%	16.7%	5.3%	8.5%	9.2%
약간 중요	35.0%	33.3%	22.8%	12.8%	21.5%
매우 중요	40.0%	50.0%	54.4%	78.7%	60.8%

〈표 308〉 재외동포정책 중요도 - 이중국적 허용 (만점: 5.0점)

국가	재외동포정책 중요도 - 이중국적 허용
파라과이	4.10
멕시코	4.33
아르헨티나	4.07
브라질	4.70
전체	4.32

〈표 309〉 재외동포정책 중요도 - 재외국민 참정권

	국가				전체
	파라과이	멕시코	아르헨티나	브라질	
전혀 중요하지 않음		16.7%	5.5%		3.2%
별로 중요하지 않음	5.6%		7.3%	17.4%	10.4%
보통	22.2%	50.0%	18.2%	21.7%	21.6%
약간 중요	38.9%	33.3%	38.2%	34.8%	36.8%
매우 중요	33.3%		30.9%	26.1%	28.0%

〈표 310〉 재외동포정책 중요도 - 재외국민 참정권 (만점: 5.0점)

국가	재외동포정책 중요도 - 재외국민 참정권
파라과이	4.00
멕시코	3.00
아르헨티나	3.82
브라질	3.70
전체	3.76

〈표 311〉 재외동포정책 중요도 - 고급인력 한국유치

	국가				전체
	파라과이	멕시코	아르헨티나	브라질	
전혀 중요하지 않음			1.8%	2.2%	1.6%
별로 중요하지 않음	5.3%		1.8%		1.6%
보통	10.5%	33.3%	12.5%	13.3%	13.5%
약간 중요	52.6%	50.0%	33.9%	31.1%	36.5%
매우 중요	31.6%	16.7%	50.0%	53.3%	46.8%

〈표 312〉 재외동포정책 중요도 - 고급인력 한국유치 (만점: 5.0점)

국가	재외동포정책 중요도 - 고급인력 한국유치
파라과이	4.11
멕시코	3.83
아르헨티나	4.29
브라질	4.33
전체	4.25

〈표 313〉 재외동포정책 중요도 - 체제기한 제한 철폐

	국가				전체
	파라과이	멕시코	아르헨티나	브라질	
별로 중요하지 않음	11.1%		5.5%	2.2%	4.8%
보통	16.7%	33.3%	14.5%	13.3%	15.3%
약간 중요	44.4%	66.7%	45.5%	37.8%	43.5%
매우 중요	27.8%		34.5%	46.7%	36.3%

〈표 314〉 재외동포정책 중요도 - 체제기한 제한 철폐 (만점: 5.0점)

국가	재외동포정책 중요도 - 체제기한 제한 철폐
파라과이	3.89
멕시코	3.67
아르헨티나	4.09
브라질	4.29
전체	4.11

〈표 315〉 재외동포정책 중요도 - 군복무 의무 철폐

	국가				전체
	파라과이	멕시코	아르헨티나	브라질	
전혀 중요하지 않음	5.0%		3.6%	2.2%	3.2%
별로 중요하지 않음	10.0%		10.9%	8.9%	9.5%
보통	20.0%	33.3%	18.2%	11.1%	16.7%
약간 중요	45.0%	66.7%	32.7%	22.2%	32.5%
매우 중요	20.0%		34.5%	55.6%	38.1%

〈표 316〉 재외동포정책 중요도 - 군복무 의무 철폐 (만점: 5.0점)

국가	재외동포정책 중요도 - 군복무 의무 철폐
파라과이	3.65
멕시코	3.67
아르헨티나	3.84
브라질	4.20
전체	3.93

〈표 317〉 재외동포정책 중요도 - 동포교육, 동포단체 지원

	국가				전체
	파라과이	멕시코	아르헨티나	브라질	
전혀 중요하지 않음			5.4%		2.4%
별로 중요하지 않음			1.8%		0.8%
보통	10.5%	16.7%	12.5%	6.5%	10.2%
약간 중요	57.9%	16.7%	25.0%	28.3%	30.7%
매우 중요	31.6%	66.7%	55.4%	65.2%	55.9%

〈표 318〉 재외동포정책 중요도 - 동포교육, 동포단체 지원(만점: 5.0점)

국가	재외동포정책 중요도 - 동포교육, 동포단체 지원
파라과이	4.21
멕시코	4.50
아르헨티나	4.23
브라질	4.59
전체	4.37

〈표 319〉 문화사업 중요도 문화사업 만족도 (만점: 5.0점)

국가	문화사업 중요도	문화사업 만족도
파라과이	3.28	3.20
멕시코	2.83	3.00
아르헨티나	3.23	3.00
브라질	2.46	2.81
전체	2.95	2.97

〈표 320〉 교육사업 중요도 문화사업 만족도 (만점: 5.0점)

국가	교육사업 중요도	문화사업 만족도
파라과이	3.59	3.20
멕시코	2.67	2.25
아르헨티나	3.15	2.96
브라질	2.85	3.04
전체	3.08	3.00

〈표 321〉 교류사업 중요도 교류사업 만족도 (만점: 5.0점)

국가	교류사업 중요도	교류사업 만족도
파라과이	3.22	3.14
멕시코	2.80	2.75
아르헨티나	2.45	2.86
브라질	2.37	2.96
전체	2.57	2.95

〈표 322〉 정보화사업 중요도 정보화사업 만족도 (만점: 5.0점)

국가	정보화사업 중요도	정보화사업 만족도
파라과이	3.22	3.14
멕시코	2.00	2.50
아르헨티나	2.55	2.86
브라질	2.21	2.48
전체	2.51	2.76

〈표 323〉 홍보사업 중요도 홍보사업 만족도 (만점: 5.0점)

국가	홍보사업 중요도	홍보사업 만족도
파라과이	3.22	2.93
멕시코	2.80	3.00
아르헨티나	2.38	2.73
브라질	2.30	2.67
전체	2.52	2.77

〈표 324〉 경제사업 중요도 경제사업 만족도 (만점: 5.0점)

국가	경제사업 중요도	경제사업 만족도
파라과이	3.11	3.00
멕시코	2.60	2.75
아르헨티나	2.56	2.96
브라질	2.30	2.83
전체	2.56	2.91

〈표 325〉 조사연구 중요도 조사연구 만족도 (만점: 5.0점)

국가	조사연구 중요도	조사연구 만족도
파라과이	3.17	3.21
멕시코	2.20	2.75
아르헨티나	2.55	2.73
브라질	2.23	2.71
전체	2.51	2.83

〈표 326〉 동포정책/지원정책에 대한 요구, 건의사항

	국가				전체
	파라과이	멕시코	아르헨티나	브라질	
한인교육지원	33.3%		25.0%	11.8%	15.6%
교포사회실태파악				23.5%	12.5%
문화홍보사업확대			25.0%	5.9%	9.4%
교류연구사업확대	66.7%		25.0%	5.9%	15.6%
이민정책제고			25.0%	11.8%	12.5%
이중국적문제해결				29.4%	15.6%
취업기회제공				5.9%	3.1%
기타		100.0%		5.9%	15.6%

7 전문가 그룹 활용

〈표 327〉 전문인력제도 시행 인지도

	국가				전체
	파라과이	멕시코	아르헨티나	브라질	
안다	55.6%	28.6%	13.6%	8.3%	18.2%
모른다	44.4%	71.4%	86.4%	91.7%	81.8%

〈표 328〉 전문인력제도 피초청시 응할 의도

	국가				전체
	파라과이	멕시코	아르헨티나	브라질	
있다	70.6%	71.4%	80.4%	85.1%	80.3%
없다	29.4%	28.6%	19.6%	14.9%	19.7%

〈표 329〉 전문인력제도 피초청시 응할 이유

	국가				전체
	파라과이	멕시코	아르헨티나	브라질	
개인능력향상	14.3%		10.3%	15.4%	12.5%
경험의 확대	28.6%	50.0%	20.7%	19.2%	21.9%
현 직업분야와의 일치성	14.3%		3.4%	3.8%	4.7%
한국발전에 기여	14.3%		24.1%	15.4%	18.8%
한국인이라서	14.3%		20.7%	30.8%	23.4%
양국의 교류확대			3.4%	7.7%	4.7%
개인의 경제적 도움을 위해			3.4%	3.8%	3.1%
현지사회공헌			3.4%	3.8%	3.1%
개인적인 관심			6.9%		3.1%
기타	14.3%	50.0%	3.4%		4.7%

〈표 330〉 전문인력제도 피초청시 불응할 이유

	국가			전체
	파라과이	아르헨티나	브라질	
개인여건상		62.5%	50.0%	47.1%
무관심		25.0%		11.8%
직업상			16.7%	5.9%
능력부족	33.3%		16.7%	11.8%
한국에 대한 반감			16.7%	5.9%
비전 없음	33.3%			5.9%
현지적응	33.3%			5.9%
기타		12.5%		5.9%

〈표 331〉 한국정부의 재외동포 인재 발굴, 육성, 지원 적극도

	국가				전체
	파라과이	멕시코	아르헨티나	브라질	
매우 소극적	17.6%	28.6%	3.6%	17.8%	12.1%
약간 소극적	41.2%	28.6%	38.2%	44.4%	40.3%
보통	41.2%	42.9%	47.3%	28.9%	39.5%
약간 적극적			9.1%	8.9%	7.3%
매우 적극적			1.8%		0.8%

〈표 332〉 한국정부의 재외동포 인재 발굴, 육성, 지원 적극도(만점: 5.0점)

국가	한국정부의 재외동포 인재 발굴, 육성, 지원 적극도
파라과이	2.24
멕시코	2.14
아르헨티나	2.67
브라질	2.29
전체	2.44

〈표 333〉 재외동포 국가별/직종별 전문가 네트워크 유용도

	국가				전체
	파라과이	멕시코	아르헨티나	브라질	
전혀 유용 안함	5.9%	14.3%		2.1%	2.3%
거의 유용 안함	5.9%		8.5%	10.4%	8.4%
보통	11.8%	14.3%	11.9%	12.5%	12.2%
약간 유용함	58.8%	71.4%	52.5%	41.7%	50.4%
매우 유용함	17.6%		27.1%	33.3%	26.7%

〈표 334〉 재외동포 국가별/직종별 전문가 네트워크 유용도 (만점: 5.0점)

국가	재외동포 국가별/직종별 전문가 네트워크 유용도
파라과이	3.76
멕시코	3.43
아르헨티나	3.98
브라질	3.94
전체	3.91

〈표 335〉 한국정부/유관기관 정책관련 자문 피요청시 응할 의도

	국가				전체
	파라과이	멕시코	아르헨티나	브라질	
절대 안 응함			1.7%		0.8%
거의 안 응함			3.4%	2.1%	2.3%
보통	23.5%	14.3%	13.6%	12.8%	14.6%
거의 응함	52.9%	71.4%	50.8%	27.7%	43.8%
확실히 응함	23.5%	14.3%	30.5%	57.4%	38.5%

〈표 336〉 한국정부/유관기관 정책관련 자문 피요청시 응할 의도(만점: 5.0점)

국가	한국정부/유관기관 정책관련 자문 피요청시 응할 의도
파라과이	4.00
멕시코	4.00
아르헨티나	4.05
브라질	4.40
전체	4.17

〈표 337〉 전문가 그룹 실태 조사 자료 희망 활용방안

	국가				전체
	파라과이	멕시코	아르헨티나	브라질	
교육 분야의 활용				5.0%	3.2%
해외진출에 활용				15.0%	9.7%
학술교류 확대에 활용			14.3%	5.0%	6.5%
교포실태 조사에 활용		50.0%	14.3%	20.0%	19.4%
인적자원 활용	50.0%	50.0%	28.6%	5.0%	16.1%
국제협력에 활용			28.6%	10.0%	12.9%
의학지식 확대에 활용	50.0%		14.3%	15.0%	16.1%
기타				25.0%	16.1%